TERNOVE.

TOME PREMIER.

TERNOVE

PAR

ARTHUR DE GOBINEAU.

TOME PREMIER.

BRUXELLES.

LIBRAIRIE DE TARRIDE, RUE DE L'ÉCUYER, 8,

VIS-A-VIS LA RUE DE LA FOURCHE.

1848

CHAPITRE PREMIER.

Dans un coin presque perdu de la Champagne, non loin de la frontière de Belgique, en ces cantons sauvages où les vénérables débris de la forêt des Ardennes recouvrent de chênes et de taillis un sol montueux et semé de roches, est un village appelé la Longuée. Les fondateurs de la cité rustique ont pittoresquement placé leur patrie à peu de distance d'une petite rivière appelée la Semoy, qui ne partage pas l'obscurité dans laquelle l'histoire a laissé le hameau ; elle figure çà et là dans maints récits de ces aventureuses expéditions que tentaient au seizième siècle les lansquenets et les chevau-légers français et espagnols, les uns contre les autres, pour la défense ou pour l'attaque des Pays-Bas. Outre que la Semoy a pour des yeux d'artiste des courbes, des caprices, des colères pleines de charmes, elle est encore peuplée de truites et d'écrevisses ; et les saumons même, qui remontent la Meuse, ne dédaignent pas de fréquenter en grand nombre son lit rocailleux.

Dans la journée qui commence cette histoire, et qui, au dire du calendrier, était la seizième du mois de mars 1815, sous les aunes et les saules plantés confusément au bord de la Semoy, se tenait à quelque distance du village un personnage qui n'admirait guère la beauté pittoresque du pays, et qui tout bonnement pêchait.

Il pêchait, mais non pas avec l'attention scrupuleuse d'un mercenaire ou d'un amateur déterminé; son panier de joncs, jeté à ses pieds, plongeait à demi dans l'eau. Plusieurs heures s'étaient déjà écoulées depuis que le jeune homme avait lancé son appât, et pourtant une seule pauvre truite, probablement bien étourdie, était prise; il pêchait, mais nonchalamment, et pour avoir l'air de faire quelque chose. Sur l'herbe, à ses côtés, un livre gisait à moitié ouvert, et c'était bien la preuve que les captures qu'il méditait ne suffisaient pas à le distraire.

Le rêveur ainsi inoccupé au moment où la France entière se mettait en émoi pour le retour de l'empereur, était, à en juger sur le costume, un militaire. Dans sa liberté campagnarde, il avait à la vérité revêtu un pantalon de toile grise et dégagé son cou des entraves de la cravate, mais il portait une veste d'uniforme dont la couleur verte, les boutons et les attentes d'épaulettes ne pouvaient

indiquer que le rang glorieux d'officier de chasseurs.

De beaux cheveux noirs bouclés, un teint brun
et pâle, un front large sous lequel brillaient de
grands yeux d'un bleu sombre, une bouche serrée
dont les lèvres finement dessinées exprimaient à
volonté le dédain, la colère ou des sentiments plus
aimables; une stature élancée et svelte, tous ces
avantages extérieurs donnaient au jeune pêcheur
ce grand air de distinction et de supériorité qui
vaut toujours qu'on le remarque. En aussi peu de
mots que possible, je viens de présenter mon héros. Il s'appelle Octave de Ternove. Maintenant il
ne nous reste qu'à l'épier dans son occupation dis-
traite.

Ses sourcils étaient froncés ; il regardait l'eau
sans la voir. Mais bientôt cette préoccupation finit
sans doute par le fatiguer, car il retira sa ligne,
en visita les hameçons dont un goujon rusé avait
su sans encombre enlever les appâts, remit les choses en ordre, rejeta son fil dans le courant, planta,
contrairement à toute sagesse, sa hampe dans
l'herbe, et prenant le livre dédaigné par lui quelques instants auparavant, recommença à lire. Mais
il avait à peine parcouru quelques pages, que, derrière lui, dans le sentier, un pas assez traînard se
fit entendre. Quelqu'un arrivait en sifflant d'une
façon tout insouciante.

Octave avait de loin reconnu son visiteur. Il ne
leva pas la tête.

— Est-ce ainsi que tu comptes nous avoir un
plat de plus pour le souper? lui cria une voix ru-

de; tu resterais huit jours et huit nuits sans rien attraper en t'y prenant de la sorte.

— Bah! répondit Octave.

Son interlocuteur recommença à siffler, descendit du rocher sur la rive en s'aidant des rameaux d'un tremble, prit la ligne et commença à pêcher dans les règles. Ce nouveau venu était un grand jeune homme blond, à l'air ferme et sérieux, dont le teint avait certainement bravé les intempéries de plus d'une mauvaise saison. Sa physionomie, moins finement dessinée peut-être que celle d'Octave, montrait dans le calme profond qu'il respirait un caractère de placidité et de force bien éloigné de l'apparence agitée de son ami. Henri Marcel portait la veste du même régiment qu'Octave.

En prenant la ligne il avait cessé de siffler et s'était livré tout entier et avec conscience à sa nouvelle occupation; il ne montrait pas même l'envie de parler, non plus que si la solitude la plus complète eût régné partout à la ronde; mais son voisin, ennuyé et nerveux, ne put longtemps soutenir ce silence.

— Henri? s'écria-t-il tout à coup.

— Eh bien? répondit Henri, je ne parle jamais à la pêche.

— Laisse ta pêche pour ce qu'elle vaut; il n'y a pas le moindre fretin dans ce misérable pays, grommela Octave d'un ton d'humeur.

— A tous les cœurs bien nés..., dit posément Henri; tu calomnies la Semoy! Voilà une superbe truite! as-tu rien à me communiquer qui lui soit comparable?

— Les journaux sont-ils arrivés? qu'annoncent-ils?

— Eh! ne m'as-tu pas supplié hier au soir de ne plus t'entretenir des affaires publiques? Malepeste! je me garderais de t'en dire un mot. Ne serait-ce que la seule pensée de voir recommencer la conversation héraldique, généalogique, politique et assommante qui s'est engagée entre toi et ton oncle, je me ferais couper en morceaux plutôt que de ne pas te complaire.

— Voyons , répondit Octave , prends que je suis l'homme le plus inconséquent, le plus irrésolu et parlons sérieusement. Admets que cette nuit et ce matin j'ai battu la campagne et que je suis raisonnable seulement à cette heure. Suppose , si cela t'agrée, que tous mes projets de retraite absolue étaient autant de billevesées, et que je n'ai su ce que je disais lorsque j'ai parlé de m'enterrer dans ce hameau comme un hérisson dans sa haie , et de renoncer au service. Et , toutes ces suppositions admises, causons.

— Je ne connais pas , répondit posément Marcel, de supplice comparable à celui de vivre avec les irrésolus ; mais comme je savais parfaitement , lorsque tu m'as communiqué tes desseins , qu'autant en emportait le vent , je ne suis nullement surpris de tes variations , et n'ai aucun besoin de te traiter de fou ; la chose est faite et parfaite.

— Rien de mieux, reprit Octave ; mais enfin qu'est-il arrivé à Bonaparte? L'a-t-on arrêté sur la route de Grenoble?

— Arrêté! enfant que tu es! Il continue sa marche fort heureusement; les troupes envoyées contre lui recrutent son armée. L'empereur entrera dans Paris en triomphe... Bon! voilà que ça mord! Il faut que ces benêts de poissons soient diablement affamés pour se laisser prendre malgré notre bavardage.

— Je me doutais que l'empereur passerait! dit Octave d'un air méditatif; et il se perdit de nouveau dans ses réflexions.

Henri se garda de l'interrompre. Il prenait à la pêche un intérêt réel, et réussit mieux en quelques minutes que son compagnon n'avait fait en plusieurs heures.

Après un silence assez long, Octave reprit la parole.

— Enfin, dit-il, tu conviendras que notre cher pays de France est dans une situation curieuse!

— Il est certain qu'il ne dépérit pas faute de maîtres; malheur toujours peu à craindre, au demeurant.

— Comme tu prends ton parti aisément ! s'écria Octave d'un ton d'amertume.

— Halte-là ! riposta Marcel ; tu te prépares à monter sur tes grands chevaux et à me parler du haut de l'Hélicon; tu vas me prêcher l'importance des événements qui donnent à l'Europe une commotion dont les contre-coups se feront sentir dans tous les coins du monde! Laisse là ta rhétorique. Malgré mon flegme, je ne suis pas un pire citoyen que toi, et je ne te crois pas plus digne de la palme civique parce que tu auras poussé en cadence des *hélas!* bien inutiles sur des malheurs auxquels toi et moi, chétifs que nous sommes, ne pouvons rien!

— Tu parles de rhétorique, répondit Octave, mais tu y excelles! Dis-moi tout simplement ce qu'au milieu du conflit pourront devenir deux très-minces personnages de ta connaissance, Henri Marcel et Octave de Ternove.

— Bien, reprit Henri, je vois que la question se réduit aujourd'hui à des proportions assez simples. Je t'en félicite. Tu étais hier fort dithyrambique, ne t'en déplaise, et l'oncle ne l'était pas moins.

— Puisque tu approuves mon langage de ce moment, fais-moi l'amitié d'y répondre.

— Très-volontiers! Tu veux savoir...

— Je veux savoir d'abord ce que tu comptes faire. Procédons avec ordre; ensuite nous viendrons à moi.

— Ne suis-je pas officier en congé?

— Tu as cet honneur.

— Quand mon congé finira, je rejoindrai mon régiment.

— Et si le régiment entre en campagne?

— J'entrerai en campagne de même; c'est assez naturel.

— Pour le roi? contre le roi?

— Pour le régiment. Sais-je, moi, quelles seront les circonstances qui pourront influer sur la conduite du corps auquel j'appartiens? J'imagine, et ici je raisonne en philosophe, que la position géographique de la garnison, les intérêts personnels du colonel seront juges suprêmes de notre fidélité au petit-fils de Saint-Louis ou de notre dévouement au vainqueur d'Austerlitz ; mais ce sont là des questions trop ardues pour un sous-lieutenant, et je ne suis nullement disposé à les traiter. J'irai là où sera mon drapeau, de quelque couleur qu'on l'ait teint pendant mon sommeil, plus porté d'ailleurs, je te l'avoue, à sabrer des Prussiens que des bonapartistes.

— Noble insouciance ! dit Octave en souriant ironiquement.

— Je ne la donne ni pour noble ni pour belle, repartit Henri ; mais lorsqu'on n'a pour toute fortune que sa solde, et que, la solde manquant, le pain doit manquer de même, que fort peu de personnes s'intéressent à vous, et que par un hasard tout providentiel vos vrais amis sont aussi gueux que vous-même, mon avis est qu'on est en droit de ne songer qu'à soi. Encore une fois, ce n'est pas sublime, mais c'est raisonnable, strictement raisonnable. Quant à toi, tu te garderais bien d'une pareille philosophie.

Un des grands torts que j'ai toujours remarqués dans ton caractère, c'est d'être possédé de la manie de jouer un rôle vis-à-vis de toi-même, chaque fois qu'il se présente une circonstance délicate. Tu as trop de franchise et de générosité pour jamais faire des dupes et tromper le prochain en te peignant en plus beau que tu ne te crois ; mais en ce moment tu cherches à te persuader, ainsi qu'à moi, que les destinées de ton pays, et les droits respectifs des potentats, sont les causes uniques du trouble où je te vois plongé.

Octave rougit légèrement. Il ne put disconvenir

en lui-même que l'analyse de Henri ne fût frappante de justesse.

Marcel reprit :

— Ainsi, mon cher, épargne-toi les frais d'une rhétorique inutile ; conserve tes phrases patriotiques pour d'autres que pour moi, et puisqu'il te plaît de changer encore une fois d'avis sur la conduite que tu vas tenir, confie-moi tes nouvelles idées.

— Lorsque j'ai prétendu, hier au soir et ce matin, dit Octave, abandonner le service et renoncer à toute espèce de carrière, j'ai eu tort certainement, et je ne fais nul scrupule de convenir que Marguerire et toi vous avez eu pleinement raison contre mon oncle et contre moi. Ce n'est pas à mon âge... Mais je n'ai pas besoin de justifier mon nouveau changement par les raisons que tu m'as données toi-même pour le provoquer. Ce qui me trouble singulièrement à cette heure, c'est de savoir quelle cocarde je vais prendre.

— Et voilà mon paladin ! dit Marcel en riant. Ne te fâche pas ; je t'aime mieux ainsi que te guindant sur des échasses où tu n'as que faire de monter. A chacun sa profession. La nôtre, mon ami, et c'est triste à dire, ne s'étend pour le moment qu'à ne pas mourir de faim.

— Et à devenir quelque chose, ajouta Octave avec un sentiment de profond orgueil.

— Je te laisse la seconde partie, répliqua Marcel. Mais, pour rester dans notre affaire, c'est donc là ce qui t'embarrasse ? Tu ne sais pas si tu es bonapartiste ou royaliste ? Ma foi ! je serais de même à ta place. Va ! ce que tu as de mieux à faire, c'est de regagner le régiment et de ne pas faire parler de toi.

— J'ai assez vécu dans l'obscurité, repartit Octave avec amertume ; dussé-je être fusillé par l'un ou par l'autre des deux partis, il faut que j'en sorte. Si je ne profitais du moment où tout va se trouver à la débandade pour me pousser plus haut, je mériterais de n'être jamais rien. Maintenant, je l'avoue, je suis incertain sur le parti qu'il me faut prendre.

— Eh bien ! mets deux billets dans un chapeau, l'un pour le roi, l'autre pour l'empereur, et tu sauras dans une minute de quel côté tu dois tirer. Isolés comme nous sommes, dans un petit village des Ardennes, tu ne peux, aussi promptement qu'il le faudrait, trouver de meilleurs motifs de détermination. Mais j'ai assez de pêche pour aujourd'hui, et il ne sera pas mal à propos de regagner la maison ; c'est aussi par trop pastoral que de passer sa vie sous les hêtres.

A ces mots, les deux amis plièrent leur ligne, s'armèrent de leur panier, et commencèrent ce qu'ils auraient pu appeler leur mouvement de retraite. Tandis qu'ils vont ainsi cheminant dans les sentiers qui les ramènent au logis, je crois à propos de mettre le lecteur un peu mieux au fait de ce qui regarde le héros de cette histoire.

Ainsi qu'on peut déjà le supposer par la conversation précédente, le caractère d'Octave de Ternove était pétri d'éléments multiples et destiné soit à de grandes joies, soit à de violents chagrins, mais jamais à la connaissance réelle et sérieuse du bonheur.

Les circonstances avaient contribué à dévelop-
er cette nature fiévreuse et singulière. Peut-être,
 son enfance n'eût été soumise à aucune de ces
rtes épreuves qui ont brisé, déformé ou réformé
os parents à la fin du dernier siècle, Octave eût-il
té semblable au plus insignifiant des campagnards
u des hommes de salon ; mais, pour son malheur,
 avait dès ses premiers pas dans la vie, et alors
ue la toupie ou le cerceau auraient dû l'occuper
niquement, contemplé les résultats les plus hi-
eux et les plus funestes des commotions politi-
ues ; bien plus, il avait joué le rôle instructif de
ctime.

Sa famille était d'origine espagnole, et l'établis-
ment de ses aïeux dans le pays datait de l'époque
 le duc d'Albe gouvernait les Pays-Bas au nom
 Philippe II. Le premier de Tierranova établi
ans la paroisse de la Longuée, était un certain
udard, don Antonio, qui après avoir remporté
mme palmes de ses campagnes force blessures
r tout le corps, avait couronné tous ses sacrifi-
s par la perte d'une jambe. Ce dernier point ob-
nu, le héros castillan avait jugé convenable de
rendre femme. Il s'était uni à une bonne fille fla-
ande et avait fait souche d'honnêtes gens sur les
rds de la Semoy.

Ainsi descendus d'un aventurier peu fortuné,
s Ternove n'avaient jamais été fort riches ;
urtant, en 1793, leur petit avoir de six à sept
ille livres de rente suffisait à assurer l'estime
u voisinage, et on ne se faisait pas tirer l'o-
ille dans le canton pour les déclarer tout à fait
ignes de respect. Funeste sentiment, déplorable

condescendance ! car ce fut à cette unanimité de
bonne opinion que M. de Ternove, le père d'Octave,
brave gentilhomme qui n'avait de sa vie tourmenté
que les lièvres, et dont un goût prononcé pour
l'horlogerie avait embelli l'existence, dut le triste
honneur de paraître devant le tribunal révolutionnaire et d'être condamné à mort, comme de raison, à titre de conspirateur, de ci-devant tyran,
d'espion des Autrichiens, d'ami de Pitt et de Co-
bourg, et d'émigré. Sa femme, excellente ména-
gère, partagea son sort, et son frère, qui avait servi
vingt ans dans le régiment de Champagne, et qui,
avec sa croix de Saint-Louis, était rentré dans la
maison paternelle, espérant y finir doucement ses
jours, s'échappa non sans peine et réussit à s'en-
fuir dans les bois, où il passa plusieurs semaines
à errer comme un sauvage, conduisant par la main
Octave, alors âgé de cinq ans, et dont l'imagination resta frappée à jamais des spectacles qui, en
quelques heures, s'étaient déroulés sous ses yeux.

Les plus grandes calamités sont peu de chose en
elles-mêmes ; car si effrayantes, si énormes qu'on
les veuille imaginer, leur effet réel est rarement
de tout détruire ; partant, leurs coups sont répa-
rables, et quand bien même elles brisent tout, elles sont soumises à l'oubli, et sur les ruines for-
mées par elles une nouveauté s'élève immanqua-
blement qui ôte à tout le monde le souci du mal
passé. Mais ce qui ne se perd pas, c'est le souvenir
des formes que les calamités ont revêtues ; ce sont
les détails, les apparences qui pourtant n'ajoutent
rien au fond. A l'âge qu'avait Octave, si on fût venu lui annoncer la perte de son père, de sa mère

et de toute sa fortune, s'il lui avait fallu se préparer à errer avec son oncle de ville en ville, pour chercher des moyens d'existence, il est à peu près certain qu'il n'aurait conservé que peu de mémoire de si tristes nouvelles, ou que du moins son caractère n'en aurait pas été profondément modifié. Mais les choses ne s'étaient point passées ainsi.

C'était au milieu de la nuit que les mandataires de la commune avaient paru dans la chambre où il dormait auprès de ses parents. Il avait été réveillé en sursaut par le bruit. Les pleurs, les gémissements, les cris l'avaient fait se lever à demi sous ses rideaux, et il avait vu ses parents, les deux servantes et le domestique de la maison se parler vivement, la terreur peinte sur le visage, et courir dans la chambre comme des gens privés de raison. Il se souvenait de les avoir entendus dire : « Ah ! mon Dieu ! nous sommes perdus ! » Il avait vu une douzaine d'hommes barbus, fort mal accoutrés, ivres pour la plupart, armés de fourches, de piques et de sabres, qui, en jurant comme des possédés, s'étaient rués sur les habitants de la maison et avaient ordonné d'apporter du vin. Pendant un temps qui lui avait semblé bien long, il avait entendu, avec une épouvante qui le glaçait, les cris de joie et les vociférations de ces misérables ; il avait vu l'un d'eux frapper sa mère et la renverser sur le plancher ; puis, comme un rêve effrayant, tout, subitement, s'était effacé.

Les citoyens avaient entraîné ses parents ; sans doute sa pauvre mère, tenue par le poignet brutal de quelque énergumène, trouva moyen d'adresser un dernier regard, bien douloureux certes, au petit lit où était blotti son fils; mais Octave ne se rappelait pas d'avoir vu un tel regard : les enfants n'ont pas l'attention éveillée sur de pareilles circonstances ; il se souvenait seulement que, lorsqu'on avait entraîné sa mère, la robe de nuit de la pauvre femme était toute déchirée et souillée de boue. Soudain il s'était trouvé seul. Nul bruit ne se faisait plus entendre dans la maison, et il avait eu sous les yeux le désordre affreux de la chambre; tout y était renversé et brisé, hormis un guéridon, où, par hasard, la lampe de nuit était restée allumée. Octave s'était mis à pleurer tout bas, n'osant faire plus.

Ensuite il avait entendu des pas dans l'escalier et son cœur avait battu plus vite sous la pression de la crainte. La porte entrebâillée s'était ouverte, et l'enfant avait vu paraître son oncle. C'était à une circonstance tout heureuse, que le pauvre officier avait dû de n'être pas présent à la maison et soumis au triste destin de son frère. Le matin même, il avait été invité par le meunier du village à venir pêcher et chasser, et comme le digne homme s'abandonnait volontiers aux plaisirs de la bonne chère , il était resté fort tard , joyeusement occupé à boire et à se rappeler les chansons gaillardes de ses jeunes années. Il avait même été sur le point de se coucher au moulin, comme il le raconta depuis plus de cent fois à son neveu et à tous ceux qui avaient occasion de jouir de son entretien ; mais ayant quelques verres de trop dans la cervelle , à toute force il s'était obstiné à revenir au logis. En entrant

dans la chambre de son frère , où il était tout
surpris d'être arrivé au beau milieu de la nuit,
il se dégrisa subitement. Il alla au lit du petit
neveu et l'interrogea ; mais, ainsi qu'il le disait,
il n'en put rien tirer que des larmes. Du reste, il
n'avait pas, au fond , grand besoin d'explications.
A cette époque-là , une maison renversée de haut
en bas et des nobles disparus , ce n'était pas merveille, et M. Gérard de Ternove crut ne pouvoir
rien faire de mieux que de saisir Octave , de s'ha-
biller le plus chaudement possible avec ce qui lui
tomba sous la main , de le prendre à son cou et
de gagner la forêt. L'espace ne devait pas lui manquer pour se promener à couvert. Aussi ce ne fut
pas le déni de protection des sylvains et des drya-
des qui le força bientôt à chercher un autre asile,
mais bien la nécessité, cette sombre déesse, qui
lui démontra sans peine qu'un ancien capitaine au
régiment de Champagne ne pouvait continuer
longtemps à se nourrir de fraises et de framboises
pour tout aliment. Le pauvre Octave était devenu
d'une maigreur affreuse, et son oncle , outre ses
propres rhumatismes, craignant à chaque instant
de le voir mourir, se résolut à jouer un coup de
partie. Il sortit du bois par une belle soirée, belle
dans le sens où la prennent les gens qui n'aiment
pas la lumière ; il pleuvait à verse, et on n'y voyait
non plus que dans un four ; il sortit du bois, et se
rendit avec son neveu à l'entrée du village de la
Longuée , où demeurait son cher meunier. Le
meunier était bien son ami ; mais le capitaine
le connaissait de longue date pour fort républi-
cain , très-intéressé et passablement brutal : il

avait donc beaucoup hésité avant de se confier à sa foi.

Il frappa à la porte, et pendant que le maître du logis, dont le capitaine entendait les gros sabots, descendait l'escalier pour venir ouvrir, peu s'en fallut que le régiment de Champagne ne battît en retraite. Mais quoi ! aller retrouver un ordinaire de framboises et de fraises, ce n'était pas une pensée supportable. Le meunier parut enfin, et Gérard fit sa déclaration suivie de sa proposition.

— Mon ami, lui dit-il, tu sais que mon frère et moi nous n'avons jamais été bien taquins. Montre-toi honnête homme en me faisant, ainsi qu'à mon pauvre neveu, la charité d'une croûte de pain et d'un verre de bière.

Le meunier se gratta la tête ; mais, c'est une remarque qu'il faut faire à l'honneur de l'humanité ; dans les cas ordinaires, et il est aussi rare de voir triompher des sentiments complétement mauvais que de complétement bons ; le paysan n'avait jamais eu qu'à se louer de ses seigneurs, il fut généreux ; il donna en rechignant un morceau de pain à l'oncle, un autre au neveu et un verre dé bière à chacun ; puis, sans vouloir entendre parler de les recevoir chez lui, il se contenta de leur indiquer dans le bois une cabane de charbonnier qui lui appartenait et où il leur permit d'établir leur résidence, les assurant qu'on ne viendrait pas les troubler, au moins de son fait, dans la possession de cet asile peu somptueux, où il comptait leur porter lui-même, une fois par semaine, leur très-frugale nourriture. Du reste, si le meunier se montra peu libéral dans ses dons gastronomiques, il ne ménagea pas ses paroles lorsqu'il s'agit d'instruire Gérard du sort de son frère et de sa belle-sœur. Il raconta tout au long comment il les avait vus monter sur l'échafaud, et ne fit grâce d'aucun détail au pauvre officier qui l'écoutait en pleurant, mais pourtant avec moins d'émotion que l'enfant de cinq ans cramponné à sa main.

Le séjour dans les bois avait été le complément de la scène nocturne pour l'imagination exaltée d'Octave. Les nuits passées sur la mousse, au pied d'un arbre, à l'abri d'un roc, tandis que le vent soufflait et que la chouette faisait entendre son cri funeste aux alentours, avaient donné à l'enfant cette espèce d'excitation nerveuse qui rend les yeux fixes et l'esprit si ardent et si désordonné ; qui conduit à la tristesse éternelle ceux qu'elle ne mène pas à la folie, et qui, assez commune chez les peuples primitifs, exposés plus que nous par leur vie en plein air à éprouver ces mystérieuses terreurs dont la nature est pleine, élève pour cux tant de têtes déréglées au rang tragique de prophètes. Gérard craignit longtemps pour la raison de son neveu. Il n'était, lui, ni homme d'esprit, ni même tout à fait homme de sens ; c'était une cervelle vide. Mais en revanche il avait l'âme la meilleure, la bonté la plus complète. Il ne sut pas, sans doute, analyser subtilement le caractère de la maladie qu'il découvrit dans Octave, il n'en vit pas la portée ; mais les causes en étaient si faciles à reconnaître, qu'il ne put prendre le change. Il s'efforça de calmer autant qu'il était en lui cette extrême exaltation, et l'instinct de sa bonté le fit réussir aussi bien que réussit l'instinct.

Octave ne devint pas fou ; mais il resta triste, et l'imagination de cet enfant, établissant entre elle-même et le milieu dans lequel elle avait été transportée une espèce d'équilibre, régularisa l'exaltation et en fit un trait de son caractère qui ne s'effaça jamais. Le point de départ de son esprit, ce fut pour toujours la scène nocturne où il avait perdu sa famille et le temps qu'il avait passé en proscrit sous les ombrages mystérieux et funèbres des bois.

CHAPITRE II.

Les rigueurs de l'exil durèrent peu cependant pour les deux Ternove. Après le premier moment d'effervescence révolutionnaire, Gérard et l'enfant furent rencontrés plusieurs fois dans les taillis par des villageois, sans que ceux-ci voulussent les inquiéter. On parla d'eux, et bientôt on les trouva à plaindre. Ce sentiment de compassion ne s'éveilla, à la vérité, avec quelque force que lorsque les municipaux de la petite ville voisine eurent tout à fait renoncé aux dangereux éclats de leur zèle civique. Mais n'analysons pas de trop près les généreuses pensées. Un jour vint où une jeune fillette osa bien se risquer dans le bois, et apporter à ses anciens seigneurs une nourriture un peu plus savoureuse que celle dont le meunier, bourru et bienfaisant avec mesure, leur accordait l'usage. Elle fit plus, cette jeune fille : elle raconta, le soir, dans sa ferme, sa courageuse action, et en fut récompensée (elle s'y attendait) par les applaudissements des auditeurs qui se lancèrent à cette occasion dans des louanges fort étendues de la bienfaisance. La rustique assemblée ne parla pas sur ce grave sujet avec autant d'élégance et de délicatesse que le font journellement les salons de Paris; mais, on peut en assuré, sous les paroles dont elle se servait, il n'y avait pas moins de belle et bonne hypocrisie.

Bref, quand il fut bien établi dans toute la contrée que c'était à la fois une œuvre fort peu dangereuse et très-méritante que de porter à l'occasion une croûte de pain et un morceau de viande à Gérard de Ternove, le meunier conçut l'idée heureuse de spéculer sur la vertu.

Un beau matin il se rendit à la cabane de ses protégés.

— Eh bien! M. Gérard, dit-il à l'ancien capitaine de Champagne, comment cela vous va-t-il aujourd'hui?

— Assez fraîchement, mon ami, répondit l'interrogé; voilà l'hiver qui approche, et je crois que mon pauvre Octave et moi nous passerons mal notre temps, si nous sommes forcés de continuer à vivre ainsi comme des marcassins dans leur bauge.

— Il ne dépendra que de vous, mon brave homme, dit l'honnête Bahurot, de changer d'appartement. Je viens ici aujourd'hui pour causer d'affaires; dînez d'abord, voici de quoi, et ensuite nous parlerons d'une proposition que je veux vous faire.

— Je serai tout oreilles quand j'aurai l'estomac

plein, répondit Gérard; allons, Octave, mon garçon, viens dire bonjour à Bahurot et prends ton
morceau de pain.

Quand le repas fut achevé, Gérard et Bahurot
étaient assis sur un arbre renversé; Octave, à demi
couché dans l'herbe à leurs pieds, regardait devant
lui avec une expression singulière de souffrance.

Le meunier entama la conversation.

— Vous savez, M. Gérard, dit-il avec le ton
moitié protecteur, moitié poli, dont le passé et le
présent lui avaient appris l'usage pour converser
avec le chef actuel de la famille de Ternove, vous
savez que j'ai toujours agi envers vous en brave
homme, en bon ami, et que dans un temps comme
celui où nous vivons, où personne ne se soucie d'a-
voir des rapports avec les *ci-devant*, j'ai eu du
courage, ah! dame! plus que vous n'auriez cru
peut-être.

— Il est vrai, repartit Gérard, qu'Octave et
moi nous te devons la vie et de bien mauvais dî-
ners.

— Ah! ça, c'est vrai! Je ne vous ai pas nourris
comme des princes; mais les temps sont durs, et
j'ai fait ce que j'ai pu. Ne valait-il pas mieux encore
du pain d'avoine que rien?

— C'est certain. Aussi ne parlais-je que par
plaisanterie. Continue ton discours.

— M. Gérard, reprit Bahurot, la nation a mis
les biens de votre frère en vente, et comme j'ai
pensé que vous seriez chagrin de les voir acheter
par un homme étranger peut-être au pays, par
quelque farceur qui viendrait ici faire ses embarras, j'ai pensé aussi que vous seriez content d'ap-

prendre que j'allais m'en rendre propriétaire.

— Toi, Bahurot? s'écria le ci-devant noble avec une expression ressemblant peu à celle de la joie.

— Oui, moi, M. Gérard ; non pas que j'en aie grande envie. La maison est vieille, et il m'en coûtera gros pour la réparer ; mais, comme je vous le dis, j'aurais un crève-cœur trop grand s'il nous arrivait un de ces gros acheteurs comme on en voit tant; puis je crois que c'est une façon de vous rendre service, et j'ai bon cœur, moi ! Ah ! dame ! pour ça, j'ai bon cœur, pas vrai ?

— Oui, mon garçon, je ne dis pas le contraire, tu m'as rendu d'immenses services ainsi qu'à ce pauvre Octave; mais je ne comprends pas bien pourquoi je me réjouirais de te voir possesseur du bien de mon neveu ?

— Voilà ! poursuivit Bahurot. J'achète Ternove à la nation moyennant une somme de tant. C'est bon !... Et je vous avertis qu'elle ne donne pas ses coquilles, la nation, et que les biens des aristocrates sont vendus un peu beaucoup plus qu'ils ne valent !

— C'est d'autant plus mal à la nation, dit Gérard de l'air morose d'un homme perdant au jeu, que ces biens-là ne lui ont pas coûté cher !

— N'importe, reprit le meunier, je vais vous faire une proposition. Si vous voulez ratifier le marché et renoncer pour vous et pour l'enfant à toute prétention sur mon bien, nous regarderons comme acquittées les dépenses que j'ai faites pour vous nourrir, le prix de location de ma cabane et autres frais, et en outre je vous emmènerai au moulin, où vous serez vêtu, nourri, chauffé, éclairé à mes frais avec le petit bonhomme jusqu'à la fin de votre vie.

— Voilà, dit Gérard, une proposition qui mérite qu'on y réfléchisse, mon brave. Si mon pauvre frère était ici, lui qui avait de l'esprit comme quatre et qui s'entendait à tout, il t'aurait dit tout de suite ce qui convenait en cette circonstance; pour moi, je l'avoue, je suis un peu embarrassé.

— Voyons, mon bonhomme, dit le meunier, vous connaissez ma probité et je suis votre ami !

— Je connais ta probité et tu es mon ami, répondit le vieux gentilhomme en secouant la tête; mais tu as toujours passé pour très-intéressé, assez fripon, et quant à jacobin, tu m'as dit encore avant-hier que tu t'en faisais gloire.

— N'importe, je ne voudrais pas vous donner un mauvais conseil. L'hiver approche, vous l'avez dit vous-même, et il ne fera pas bon habiter en plein air au mois de décembre, surtout pour l'enfant.

— Tu parles d'or, mais ne pourrais-tu me faire des conditions un peu moins rigoureuses?

— Ah ! dame ! répondit le paysan d'un air fin : donnant donnant, j'ai de la famille, et les temps sont terribles pour le pauvre monde.

Gérard se défendit de son mieux, mais la nécessité le pressait. Il faut dire à sa louange que le sort de son neveu contribua encore plus que d'assez légitimes inquiétudes sur le sien propre, à le décider. Après deux heures de discussion, il finit par accorder ce que Louis XVIII refusa à Bonaparte, et renonça pour lui et pour Octave à toute prétention future sur l'héritage des Ternove.

Le soir même il coucha dans un excellent lit
après avoir soupé comme un chrétien, ce qui ne
l'empêcha pas de soupirer toute la nuit.

Le pays entier approuva la belle conduite de
Bahurot. Les sages du canton célébrèrent à l'envi
la prudence de l'homme qui avait su mettre sa
prospérité à couvert des retours de fortune, et on
lui sut gré en même temps de nourrir deux personnes qui étaient trop inoffensives pour qu'on se
refusât le plaisir de les insulter en les plaignant.

Avec le Directoire, la tranquillité avait reparu
complète dans ces provinces éloignées. Bahurot,
maître chez lui, gros seigneur, avait senti la douce
nécessité de se faire appeler *M. Bahurot*, les idées
du peuple se relevaient des ornières démocratiques
dans lesquelles elles s'étaient complu, et le nouveau riche rêva qu'une illustre alliance rehausse-
rait singulièrement aux yeux de ses concitoyens la
nouveauté de sa grandeur. Pour lui-même, ce
puissant personnage ne songeait pas à devenir le
conjoint d'une fille de bonne maison ; il avait été
marié, il prisait fort la liberté du veuvage ; mais
il possédait une fille, bonne grosse paysanne, assez
fraîche et accorte, qui avait eu dès longtemps le
bonheur de trouver grâce aux yeux de M. Gérard.

L'ancien capitaine n'était, à la vérité, qu'un
peu plus jeune que son protecteur Bahurot ; pourtant il avait le cœur plus tendre, et lorsqu'il rencontrait Javotte sur son chemin, il lui revenait parfois, surtout lorsqu'il était sous l'empire d'un verre
de vin, certaines inspirations mystérieuses qui le
reportaient à ses plus jolis souvenirs de garnison. Il
ne faudrait pas croire toutefois qu'il ne sût pas se

rendre maître de ces impressions trop juvéniles ; son respect pour l'hospitalité de maître Bahurot ne lui avait jamais permis de s'abandonner à ses tentations de mousquetaire, et, quant à l'idée d'un mariage avec Javotte, jamais elle ne lui était entrée dans la tête.

Il fallut pourtant bien qu'il finît par y songer, car ainsi l'avait décrété le meunier dont la volonté était autrement redoutable que tous les principes politiques et religieux du bon Gérard. Aux premiers mots (rendons encore cette justice à l'ancien capitaine), il résista avec une énergie désespérée, et tout en cherchant à ne pas blesser son ambitieux protecteur, il lui fit entendre que le bonheur n'habitait jamais dans les unions disproportionnées. Le meunier se mit à rire, se vanta d'être jacobin, soutint que tous les hommes étaient égaux, et, de plus, affirma qu'il était le maître de la maison. Pour appuyer son dilemme, il soumit Gérard à un régime moral et physique qui, d'après ses calculs, devait bientôt lui donner raison de l'entêtement du gentillâtre. Lorsque, pendant deux mois pleins, le capitaine se fut trouvé l'objet des dédains et des mauvais traitements de son hôte, surtout quand il eut vu battre à plusieurs reprises et très-libéralement Octave, qui en outre fut occupé au travail du moulin, sous prétexte de garder l'enfant de l'oisiveté et de le soustraire à l'influence funeste des livres qui ne servent qu'à farcir l'esprit de sornettes et à faire croire à l'inégalité dans le genre humain, il commença à regarder Javotte avec plus d'attention et à se dire en soupirant que cette grosse taille n'était pas au fond tant à dédaigner. Bref, à la grande joie du terrible Bahurot, Gérard consentit à sacrifier tous ses principes et donna la main à Javotte.

Cette union fut célébrée avec pompe dans le village ; on félicita Gérard d'avoir pour femme la fille d'un patriote distingué et riche. Le capitaine, tout honteux, ne fut un peu content que lorsque Bahurot daigna l'assurer qu'il avait réfléchi au sujet d'Octave, et que le jeune garçon serait retiré du moulin pour être rendu à l'*Epitome*, dont son oncle lui facilitait de son mieux l'étude.

Deux ans après cette union, qu'on ne saurait dire heureuse, madame Gérard de Ternove accoucha d'une fille et mourut. La jeune personne avait dix-huit ans au moment où commence cette histoire, et elle se nommait Marguerite.

Mais avant de parler de la fille de Gérard, il est à propos de revenir à Octave, dont les années n'avaient pas adouci l'humeur mélancolique. Rentré dans la maison paternelle, qui désormais ne lui appartenait plus, il avait trouvé en grandissant mille motifs d'accuser la destinée de cruauté, et de ne voir la vie et le monde qu'à travers les brouillards peu flatteurs d'un esprit chagrin. S'il avait été doué par la nature d'une âme vigoureuse, capable de se jeter avec fougue dans les partis extrêmes et d'y demeurer, nul doute qu'il n'eût conçu dès lors pour tout ce qui l'entourait cette forte haine qui fait moins de grands hommes que de cœurs pervertis. Mais Octave était doux et patient, et lorsqu'il se rappelait les terribles impressions de sa première jeunesse, ce n'était pas pour s'abandonner dans le secret de son cœur à des serments de vengeance, mais pour s'exalter la profondeur de sa chute, et se donner, comme but unique et sacré de sa vie, la tâche de sortir de l'abîme honteux où il avait roulé. Les enfants ont une grande rectitude d'idées lorsqu'ils comprennent, et souvent ils comprennent plus qu'on ne croit ; ils sont surtout absolus et impitoyables dans leurs jugements ; ainsi Octave conçut pour son oncle, malgré la bonté et la tendresse extrêmes de celui-ci, le mépris le plus complet. Il redoutait et haïssait le meunier autant que son âme douce pouvait haïr. Il voyait en lui l'usurpateur de ses droits ; c'était donc, à ses yeux, une faiblesse indigne d'un homme que le mariage auquel son oncle s'était laissé aller. En outre, Gérard ne manquait jamais l'occasion, lorsqu'il se trouvait seul avec l'enfant, de célébrer la noblesse de sa famille, de raconter en détail les exploits plus ou moins prouvés de leur ancêtre don Antonio et les mérites militaires de leur troisième aïeul Jean-Baptiste de Ternove, enseigne aux gardes wallonnes. L'ancien capitaine se faisait un devoir d'inculquer à son neveu le sentiment d'une supériorité incontestable sur les manants au milieu desquels l'enfant passait son existence, et ces mêmes manants renforçaient encore les leçons du gentilhomme en témoignant à l'occasion à leur camarade, par leurs injures et leurs coups, qu'ils le croyaient d'une race différente de la leur. Octave n'en doutait donc pas, et longtemps avant de s'être fait une idée nette de la différence existant entre noble et roturier, il nourrissait en son âme ce sentiment d'orgueil sauvage et secret qui est l'apanage des tribus persésutées par une nation victorieuse.

De tous ces éléments divers, timidité, douceur, mépris, orgueil intime, exaltation, tristesse, il sortit un caractère assez commun de nos jours, tout à la fois présomptueux et facile à décourager, mais dont le point de départ est une obstination et une force d'inertie que rien ne peut vaincre, et le résultat une ambition maladive. Octave était ambitieux ; tous les sentiments bons et loyaux de son cœur lui en faisaient, à son sens, un devoir ; il lui fallait, pour rester digne de sa race, reconquérir son héritage et n'être pas moins glorieux aux yeux d'autrui que don Antonio et Jean-Baptiste, l'enseigne aux gardes wallonnes, l'étaient aux siens propres.

A peine fut-il arrivé aux premières années de l'adolescence, que les résolutions si souvent débattues dans son cœur se firent jour, et à la première occasion il annonça son ferme vouloir de quitter le logis où M. Bahurot trônait, régnait et tyrannisait.

C'était un soir, à l'issue du souper. Le meunier avait trouvé, boutade qui n'était pas rare dans sa bouche, qu'Octave mangeait trop de pain, tandis que Marguerite, qui aurait eu le droit d'en consommer bien davantage, savait se servir beaucoup plus modestement. Le meunier en concluait qu'Octave était un grand *bon à rien.*

Gérard s'attendait à voir passer cette bourrasque sans plus d'effet que tant d'autres, lorsqu'à sa grande surprise le jeune homme prit la parole d'une voix émue, et s'exprima ainsi :

— Je crois, M. Bahurot, que vous avez raison ; j'ai dix-sept ans sonnés, et je ne dois pas rester plus longtemps oisif. Je vous remercie des bontés que vous avez eues à mon égard ; j'ai l'intention de m'engager dans un régiment de cavalerie. Aujourd'hui, l'état militaire mène à tout ! ajouta-t-il avec cette confiance de la jeunesse qui aime à s'exprimer par axiomes.

— Mon garçon , répondit Bahurot , tu parles comme un ange, et n'étaient les lamentations de ton fainéant de vieux oncle, que je respecte, il y a longtemps que je t'aurais bien forcé de moi-même à décamper de mon logis. Je te félicite de ta résolution, et, comme il n'y a qu'un mot qui serve , je te dirai encore que je me suis aperçu d'une chose qui ne me plaît pas. Ceci vous regarde , M. Gérard !

— Et quelle est cette chose, mon brave Bahurot ? dit le capitaine en frissonnant,

— C'est que vous gardez en tapinois l'idée de marier plus tard ce drôle à Marguerite , et je ne suis pas fâché de vous apprendre ici qu'il ne sert à rien de le retenir dans ce but-là, attendu que ma petite-fille n'est pas pour lui. Elle n'épousera jamais qu'un homme puissamment riche, entendez-vous bien ? je l'ai résolu.

Le père Bahurot poussait avec intention les choses à l'extrême , parce qu'il voulait se débarrasser d'Octave, et supposait assez raisonnablement que la meilleure manière d'éloigner le jeune homme était de l'outrager.

Octave ne trompa pas ses prévisions. Le cœur bien gros, il se leva :

— Adieu , M. Bahurot, dit-il ; adieu , mon oncle ; adieu, Marguerite.

L'oncle Gérard ne prit pas la chose ainsi. Il se leva aussi pendant que son neveu sortait et alla se planter devant son cher beau-père :

— Tu es un fier gueux , lui dit-il , et si les lois révolutionnaires n'avaient pas brouillé les plus simples notions du juste et de l'injuste, je te bâtonnerais à l'admiration de tout le public !

— Mon gendre, répondit Bahurot sans s'émouvoir, vous savez comme toutes les discussions se terminent entre nous. Vous savez que je finis toujours par avoir raison ? Vous êtes le pot de terre, mon gendre, ne vous heurtez pas contre un vieux dur-à-cuire qui vous en remontrera toujours quand vous voudrez. Votre neveu veut s'en aller , qu'il s'en aille ! Je ne l'ai pas chassé ; mais je suis bien aise de le voir disparaître.

Il y eut une querelle violente ; Marguerite s'en mêla en prenant le parti de son père et de son cousin contre le despotique meunier; mais celui-ci avait observé avec attention la contenance d'Octave au moment où le jeune homme avait quitté la salle, et ne voulait lui donner aucun prétexte de revenir sur sa résolution. Après deux heures passées en criailleries, Gérard était parti avec Marguerite pour aller à la recherche de son neveu, et le père et la fille avaient eu la douleur de le trouver en compagnie de plusieurs hussards de passage par le village. Le maréchal des logis avait daigné lui apprendre lui-même que le sacrifice était à peu près consommé, et que, quant à lui, il s'estimait trop heureux de présenter le jeune bourgeois à son colonel pour vouloir entendre à aucun arrangement.

Du reste Octave était décidé : il embrassa son

oncle et sa petite cousine qui pleurait à chaudes larmes, et promit de faire de son mieux pour avancer sans se faire tuer, problème important dont la solution difficile occupait toutes les imaginations de ce temps-là.

Il partit, et fit son métier comme tant d'autres, bien, parfaitement si l'on veut, mais il fut mal servi par les circonstances. Privé de protecteurs, il déploya en vain cette énergie militaire dont la peinture donne tant de sel aux bulletins; il n'avança pas, et les prérogatives magnifiques du règne impérial, promptes à faire de tant de soldats obscurs des légions d'officiers, n'existèrent pas pour lui. Il chemina tristement à travers les rangs inférieurs de la soldatesque, et dut à une qualité d'origine pourtant toute guerrière le désagrément d'être cassé deux fois du grade de brigadier.

Sous l'empire, lorsqu'on voulait avancer et qu'on n'était pas très-puissamment appuyé par quelqu'un des favoris du maître, il ne suffisait pas de voir le boulet enlever tous ses chefs et ses camarades plus anciens que soi, mais il fallait de toute nécessité avoir l'humeur douce et commode aux exigences de ses supérieurs. Les dignitaires d'alors étaient souvent des hommes extrêmement remplis de leur importance, et fermement convaincus que des subordonnés ne pouvaient légitimement garder un sentiment de dignité personnelle. On a parfois cité tel de ces guerriers magnanimes qui se plaisait à faire cirer ses bottes par ses aides de camp. Qu'on juge donc de ce que de tels héros à grosses épaulettes pouvaient se permettre envers ceux de leurs inférieurs qui, n'ayant pas encore franchi l'intervalle immense placé entre l'officier et le sous-officier, ne leur paraissaient pas d'étoffe à éprouver un sentiment indépendant de l'obéissance passive. Octave était fier ; il ne se croyait pas déchu au rang de laquais complaisant parce qu'il traînait le sabre, et dut à cette grave erreur de descendre deux fois de l'échelon qu'il avait si difficilement franchi. Chaque fois, il retomba au milieu de la foule destinée à la boucherie, avec une amertume de cœur plus facile à comprendre qu'à décrire ; mais cependant, il ne renonça pas à ses espérances et continua à croire que la vie du soldat était la plus digne d'être embrassée par l'ambitieux.

Enfin, il força la main à la fortune, et, toujours à la queue du tableau d'avancement, ayant dans son corps la pire de toutes les réputations, celle d'une mauvaise tête et d'un frondeur, il finit par gagner une sous-lieutenance dans une journée bien heureuse où, demeuré le dernier des sous-officiers du régiment, il se trouva chargé de ramener à S. M. l'empereur et roi le peu d'écloppés survivants, assurés d'ailleurs, quelques jours plus tard, de trouver une occasion certaine de se faire assommer.

Une fois sous-lieutenant, Octave s'était cru quelque temps sur la grande route du succès. Il ne savait pas que ses états de service étaient bariolés de certaines recommandations supérieures destinées à le faire pourrir dans les bas emplois. Ce fut à cette époque qu'il se lia avec Henri Marcel, officier du même grade que lui, servant dans le même régiment, et passant avec raison pour un homme froid et réfléchi.

CHAPITRE III.

La naissance de Marcel était commune, et il ne s'en cachait point. Enfant de troupe, il supposait, non sans motifs, qu'un officier supérieur, mort depuis peu, lui portait un intérêt réellement paternel. Son éducation, plus que négligée, avait été rectifiée par son humeur ferme et froide, et par des lectures constantes. Lire était à peu près sa seule passion, si on ne veut pas y joindre celle de fumer. Quelques camarades croyaient qu'il affectait la sagesse dans le sens que les anciens donnaient à ce mot, c'est-à-dire, qu'il s'était fait un système de ne rien désirer et de ne rien vouloir.

Marcel et Octave firent plusieurs campagnes ensemble, et finirent par s'aimer cordialement. Blessés l'un et l'autre, et d'une manière dangereuse, en 1814, à un des derniers combats livrés en Champagne, ils avaient été laissés à demi morts dans une petite ville, d'où Ternove, encouragé par son ami, s'était résolu d'écrire à son oncle pour lui demander la permission de venir se faire soigner auprès de lui. Il n'avait pas d'autre ressource. A cette épître, le meunier, comme de juste, s'était chargé de répondre. Mais, surprise universelle ! il avait gracieusement accordé l'autorisation requise par les deux amis, bien que, dit-il, ses charges fussent déjà lourdes, et que son vieil attachement pour les Ternove eût été la cause, l'unique cause, du peu de succès qu'il avait toujours eu dans ses affaires. Il espérait bien, ajoutait-il, que M. Octave lui tiendrait compte de sa vieille amitié et des excellents avis par lesquels il n'avait cessé de le pousser à entrer au service.

— Voilà, dit Marcel après avoir lu cette épître, un gaillard qui comprend parfaitement la situation politique du jour, et qui a peur d'une restauration de ton auguste famille.

De là, en effet, provenait le ton mielleux affecté par le père Bahurot, ce profond diplomate qui, certes bien, avait dépensé plus d'intrigues, de souplesse, de fermeté et de rigueur pour fonder et conserver sa médiocre fortune de douze mille livres de rente, qu'il n'en a jamais fallu à M. le prince de Metternich pour retenir sous une même clef les courronnes de Hongrie, d'Autriche, de Lombardie et de Bohême. Le retour des Bourbons avait jeté dans l'âme du meunier la perplexité la plus vive. Comme beaucoup de gens, il avait craint que la royauté et la noblesse ne prétendissent rentrer dans tous leurs droits et user de toutes les prérogatives du temps passé, et il s'était vu en pensée expulsé de ses domaines par les anciens maîtres. Les anciens maîtres étaient représentés pour lui par Octave seul, car Gérard ne l'inquiétait pas ; au nom de sa supériorité intellectuelle, il n'avait point cessé d'exercer sur le vieux gentilhomme un despotisme auquel nulle résistance n'était opposée ; à la vérité, son esclave n'avait jamais pu s'habituer à le traiter autrement qu'avec le plus complet dédain dans les formes, ne l'appelant que *Bahurot*, ou *notre ami Bahurot*, ou bien encore *mon gâs*, lorsque le meunier libéral s'amusait à émettre quelque opinion un peu malsonnante pour des oreilles aristocratiques ; mais en tout ce qui était affaire d'intérêt, de domination domestique, de droit à la propriété absolue du domaine et des revenus, Gérard était à ce point annihilé, de se sentir tout heureux lorsqu'il avait obtenu une pièce de trente sous par l'intermédiaire de sa fille, et Bahurot n'avait pas craint une seule minute de voir changer cet état de choses. La joie enthousiaste de Gérard à la nouvelle du retour de Louis XVIII dans sa capitale n'avait été accompagnée d'aucune expression de révolte ; le brave capitaine s'était tout uniment permis de mettre une cocarde blanche à son chapeau. Le meunier ne redoutait donc qu'Octave ; il ne supposait pas au sous-lieutenant un caractère pareil à celui de son oncle, et il avait grand'peur de le voir rentrer en possession de son bien.

— Il faut que j'aie ce coquin-là sous la main, s'était-il dit, et que je sache ce qu'il a dans l'âme.

Ce souhait avait à peine eu le temps d'être formé et d'avoir pris sa place au nombre des désirs impérieux du meunier, que la lettre d'Octave était arrivée, demandant l'hospitalité pour son camarade et pour lui. Bahurot y avait fait cette réponse engageante que j'ai dite.

Octave n'en estima pas Bahurot davantage, malgré le galant empressement du rusé vieillard à accorder l'entrée du logis à ses *deux amis,* jeunes, disait-il, mais qui ravissaient son vieux cœur par leurs qualités de *chevaliers français.* Les meuniers eux-mêmes, dans ce temps-là, avaient volontiers le mot de *troubadour* à la bouche.

— Il faudra, avait dit Marcel, faire un bon procès au père Bahurot et le forcer à rendre gorge.

— J'y compte bien, avait répliqué Octave; je veux la maison de mon père; le meunier retournera à son moulin.

Tout officier de l'empire qu'il était, Octave avait été assez maltraité pour n'avoir jamais perdu l'habitude de se considérer comme une victime. Pourtant il se rangeait parmi les vainqueurs du moment; lui aussi il faisait partie de la cohorte impopulaire des marquis de Carabas.

Ce fut avec ce sentiment peu amical qu'il rentra dans le manoir de Ternove. Malade, et luttant, avec l'aide de sa jeunesse, contre l'étreinte de la mort, dès le premier jour de son arrivée il fit venir son oncle dans la chambre où l'on avait placé son lit et celui de Marcel, et eut avec le vieillard une longue conversation; il déclara sa ferme résolution de reconquérir son patrimoine. Gérard parut approuver très peu ce projet.

— Je veux bien être étranglé sur-le-champ, dit-il à son neveu, si je n'aurais pas le plus grand bonheur à te voir exécuter ce que tu imagines. Mais, mon cher enfant, nous autres gentilshommes, nous n'aurons jamais l'avantage sur ce terrain contre un Bahurot. Ce gâs-là possède bien l'âme la plus rapace que je connaisse, et tu le tuerais plutôt que de lui faire lâcher un seul écu. Ce que j'en dis n'est pas pour t'arrêter. Je sais bien qu'en dépouillant le maraud, tu vas réduire ma fille Marguerite à la misère ; mais elle n'a aucun droit légitime sur tes biens ; tu es le fils de mon frère aîné, et, cordieu ! les bonnes mœurs voudraient que tu fusses le maître ici. Seulement tu as affaire à ce jacobin de Bahurot ; il est plus diable que toi, et sois assuré que tu ne viendras pas à bout de son entêtement.

— J'espère, mon oncle, répliqua le jeune homme, qu'appuyé sur mes droits et plein de la nécessité où je me crois être de tirer mon nom de l'état d'abaissement dans lequel il est tombé, je saurai déjouer les ruses et vaincre l'obstination d'un homme que je ne puis considérer que comme notre ennemi.

Bahurot avait été mandé à la suite de cet entretien, et lui, le despote, le maître absolu qui faisait tout trembler dans la maison, gendre, petite-fille, servantes et valets, jusqu'au chien de garde, il comparut sans se faire tirer l'oreille devant le blessé.

La conversation fut un peu vive du côté d'Octave. On croit volontiers, quand on est jeune, qu'il y a profit de toute espèce à emporter l'avantage de haute lutte ; à mesure qu'on vieillit, on s'aperçoit au contraire que gagner l'avantage sans avoir rien cassé est un double sccès. Bahurot, le vieux matois, laissa crier et tempêter son sous-lieutenant ; mais il expliqua ses droits très-posément et avec une magnificence d'expressions juridiques qui fit plus d'effet sur Octave que celui-ci n'aurait voulu en convenir : il se résuma en disant qu'il était bien triste pour un pauvre vieillard, dont la vie entière avait été occupée à donner aux Ternove des témoignages de son dévouement, de voir sa belle conduite si mal recompensée. Il en était encore plus chagrin qu'irrité, et il lui coûtait moins de perdre tout son avoir que d'assister à l'ingratitude d'un jeune homme qu'il avait toujours chéri comme son fils, bien qu'il eût cru devoir user envers lui de cette sage rigueur sans laquelle Octave ne serait jamais devenu qu'un assez pauvre sujet.

— Convenez-en vous-même, M. Octave, dit en terminant le vieux Bahurot, si dans ce moment vous êfes là si fier et si résolu à jeter à la porte votre père nourricier, c'est à la vie militaire que vous le devez. Vous avez appris à avoir une volonté, à faire tourner les hommes à droite et à gauche, et il vous presse d'en faire l'épreuve sur moi, sur moi qui suis la première cause de ce caractère décidé, tandis que si je vous avais laissé paresser à la maison, écoutant les histoires de votre vieil oncle et jouant avec Marguerite à cligne-musette, vous seriez aujourd'hui comme tout le monde ici, qui, je ne sais pourquoi, fait semblant d'avoir peur du père Bahurot. Allons , M. Octave , calmez-vous , prenez le temps de vous guérir et de réfléchir ; puisque vous croyez avoir raison contre moi , vous aurez aussi bien raison lorsque votre blessure sera fermée , qu'aujourd'hui. Une fois debout , vous consulterez des hommes de loi , et je ne doute pas qu'ils vous fassent voir plus clair dans vos véritables intérêts. Mais comme , en attendant le procès qui sera indispensable pour mettre à la porte le pauvre Bahurot , je suis toujours le maître ici , sachez que je suis très-content de vous y voir, et que jusqu'à mon dernier soupir vous y serez traité comme l'enfant de la maison.

Là-dessus le père Bahurot avait fait semblant d'essuyer ses yeux , et était sorti , laissant Marcel et Octave également convaincus qu'ils avaient affaire au plus madré de tous les paysans. N'importe, Octave était décidé à passer outre ; il voulait ravoir son bien , et toutes les flagorneries de l'ancien meunier n'avaient nullement ébranlé sa résolution. Marcel, de son côté, l'encourageait indirectement à tenir bon par les excellentes plaisanteries que lui inspiraient les airs douloureux du gros homme.

Les pauvres jeunes gens! ils ne savaient pas au juste à quel renard ils s'attaquaient !

Au bout d'une demi-heure de repos , leur adversaire commença les hostilités.

Les deux amis virent entrer dans leur chambre la cousine Marguerite.

Marguerite donc entra dans leur chambre.

C'était une belle, une fière, une adorable personne, et pour représenter dans une ingénieuse allégorie la vertu, la noblesse du rang, même la royauté, un peintre n'eût pu mieux faire que de la prier de servir de modèle. Bien qu'elle fût de race mêlée, moitié paysanne moitié demoiselle, la nature avait arrangé les choses de telle façon que de sa mère la jeune fille avait pris seulement la santé, la merveilleuse carnation, l'azur des yeux et l'abondance de la chevelure blonde ; de son père, ou plutôt des aïeules de son père, elle avait reçu en partage sa taille grande et svelte, son corsage noblement développé, son nez fin et légèrement courbe, sa bouche délicate, ses belles dents, ses pieds et ses mains d'une forme qui eût ravi Phidias. Comme les femmes gracieuses par essence, elle avait compris d'instinct les attitudes et les gestes qui lui seyaient davantage, et l'artiste le plus consommé dans la science difficile des poses et de la démarche n'eût jamais pu reprendre en elle rien qui sentît la brusquerie ou la trivialité ; c'est dire que tous ses mouvements, suivant le vœu de l'élégante antiquité, étaient lents et empreints, mais sans affectation, d'une certaine nuance de solennité. L'expression de son visage n'était ni gaie ni triste ; c'était, en quelque manière, le pendant d'un beau ciel, dont la limpide profondeur fait hésiter l'âme entre la mélancolie et la joie. Elle était calme et sérieuse. Trop jeune encore avec ses dix-huit ans, et par la tranquillité profonde qui régnait autour de sa vie, pour avoir même conçu l'idée des passions, Marguerite marchait dans l'existence, sans nul soupçon des orages qui la troublent ; mais aussi, comme tous les cœurs prédestinés à battre violemment, elle avait vécu jusque-là dans une indifférence de toutes choses déjà voisine de l'ennui. Si maître Bahurot avait eu le sentiment même le plus indistinct de ce qu'était et pouvait devenir sa petite-fille, tout amoureux qu'il fût de la terre et de la maison de Ternove, peut-être n'aurait-il pas osé la compromettre dans la bataille qu'il livrait à Octave. Il la poussait en avant, absolument comme au jeu d'échecs on joue un pion, simplement avec l'idée de jeter son adversaire hors de garde, et comme il avait été toute sa vie fort entêté, il était toujours bien résolu à ne jamais donner Marguerite à un homme qui n'avait rien ; car, pensait-il, ce ne serait autre chose que laisser sa fortune dans son état actuel, et il comptait pour le moins la doubler en mariant sa petite-fille à quelque richard du pays. Dans cette combinaison, Bahurot était guidé uniquement par l'amour de l'art, par l'attachement qu'il avait pour son œuvre ; car cette fortune ainsi augmentée, le meunier plus qu'octogénaire savait qu'il ne devait pas en jouir.

Marguerite entra donc dans la chambre et se présenta à son cousin. Elle ne l'avait pas vu depuis longues années.

— Eh bien, lui dit-elle, Octave, vous nous êtes donc revenu ?

Octave fut frappé vivement des charmes de la jeune fille, que ses souvenirs ne lui représentaient qu'enfant. Il prit avec émotion la main qui lui était tendue, et baisa cette joue dont les roses appelaient et retenaient les lèvres.

— Mon grand-père assure que vous venez pour nous chasser d'ici? continua l'innocente complice de Bahurot.

— Votre grand-père, ma chère enfant, répondit Octave, fait ici ce qu'il a fait pendant toute sa vie, de la ruse, et de la ruse peu loyale. Il sait à merveille qu'il ne s'agit pas de vous dépouiller, et que mon oncle et vous serez toujours bienvenus à demeurer chez moi; mais vous pouvez assurer encore M. Bahurot que je ne me départirai pas de ma résolution, quoi qu'il fasse, et que toutes les armes par lesquelles il cherchera à l'ébranler n'y pourront réussir, fussent-elles placées dans votre jolie main. Ecoutez-moi, Marguerite, et vous me comprendrez, puis vous me jugerez.

— Je vous écoute, Octave; je n'ai nulle envie de vous trouver coupable. J'étais bien enfant lorsque vous avez quitté la maison, mais je n'ai point oublié la façon dont vous êtes sorti de la salle d'en bas, lorsque mon grand-père vous a adressé de si dures paroles.

—Merci, chère Marguerite, continua Octave, en réprimant l'émotion qu'élevait dans son cœur cette marque naïve de sympathie. Vous êtes trop jeune et trop belle pour me parler ainsi avec arrière-pensée, et de mon côté je veux me montrer sincère envers vous.

J'ai vu battre et traîner à la mort mon père et ma mère ; cette maison que mes ancêtres ont construite, où il n'est pas une seule pierre, un seul grain de sable qui ne me parle d'eux, est passée dans les mains d'un étranger, acquéreur sans probité. Il a payé mon bien, il est vrai ; mais un prix vil et donné à des spoliateurs ; et pendant qu'il vivait à l'aise dans cette demeure mienne, marchandant à mon pauvre oncle, votre père, une place déshonorée, moi qui vaux mieux que lui, parce que je descends d'une race qui a servi des rois, et qui, à son rang, a marqué dans l'histoire des peuples ; moi qui vaux mieux que lui, parce qu'au lieu d'astuce j'ai de l'intelligence, parce que mes désirs ne tournent pas comme les siens autour d'une pile d'écus, seul pivot de ses pensées, parce que j'ai en moi de quoi servir mes semblables autant que mes aïeux l'ont fait ; moi je traînais le sabre et je me battais pour des gens dont la cause n'était pas la mienne, dont la plupart auraient applaudi à l'assassinat de mes parents ! Je traînais le sabre, dis-je ? Ma pauvre enfant ! j'embellis singulièrement pour vous la vie du soldat ; mieux vaut vous dire la vérité toute nue ! Je roulais d'hôpitaux en hôpitaux : ici pour une blessure ; là, me débattant contre le typhus déjà maître des deux tiers de mes compagnons ; et après des années d'épreuves bien longues, grâce aux conseils de cet ami que vous voyez, je commençais à comprendre qu'échappé à tant d'ambulances, de chirurgiens, de scalpels, toute ma valeur personnelle, toute mon intelligence, tous mes droits à une existence meilleure, ne pourraient me soustraire un jour à cette mort douloureuse, misérable, obscure, esquivée tant de fois, quand une révolution complète dans notre pays est venue me faire respirer l'air au fond de ma misère. Oui ! il a fallu qu'un empire s'écroulât pour que moi chétif j'aie commencé à entrevoir le jour ! Le roi a retrouvé son trône, pourquoi ne retrouverais-je pas ma maison ? J'y ai les mêmes droits que lui à son palais ! Et si, comme on le dit, ses aïeux prennent, du haut du ciel, plaisir à le voir occuper leur place, doutez-vous que les miens n'éprouvent pas la même joie, lorsque je serai de nouveau maître et seigneur du manoir que le premier d'eux tous n'avait été heureux de fonder et d'embellir que pour le léguer à ses plus éloignés descendants? C'est donc pour moi un devoir de piété que de ressaisir mes domaines.

Marguerite ne répondit rien. Tant qu'Octave avait parlé, elle avait tenu fixés sur lui ses beaux yeux calmes; lorsqu'il se tut, elle les baissa, et resta debout dans l'attitude simple et sublime d'une statue de la méditation. Les idées tout aristocratiques que venait d'énoncer l'officier n'avaient rien d'étrange ni de paradoxal pour son intelligence. Son père l'avait habituée dès son plus jeune âge à concevoir de pareilles pensées; puis elle craignait plus qu'elle n'aimait son grand-père. Après avoir entendu les explications d'Octave, elle se sentit remplie d'admiration et de sympathie pour son cousin. Mais elle sut se contenir, et resta aussi paisible en apparence que si les raisonnements du jeune homme l'avaient laissée absolument froide.

D'un autre côté, on aura remarqué sans doute que les explications d'Octave ressemblaient moins à une déclaration de principes qu'à une apologie de sentiments. Il voulait non-seulement que Marguerite sût ce qu'il allait faire ; il tenait encore plus qu'il ne se l'avouait à lui-même, à ce qu'elle l'approuvât. Ce n'était pas sur ce ton qu'il avait parlé à maître Bahurot, et cette différence ne put échapper à Marcel. Aussi, quand la jeune personne se fut retirée, après quelques demandes et quelques réponses, dans lesquelles elle ne se montra pas tout à fait résolue à embrasser le parti de son grand-père, Marcel fit remarquer à Octave le sentier dans lequel son ami lui paraissait s'engager.

— Jusqu'ici, lui dit-il, je trouve ta conduite aussi judicieuse, aussi fondée en raison que l'homme le plus rigoureux en pareille matière le pourrait exiger. Tu as d'abord ce bonheur d'avoir devant toi un chemin très-droit et très-facile à suivre; mais si ce vieux renard de Bahurot t'envoie une Armide pour t'amuser et te détourner, et que la ruse réussisse, fais attention que tu vas bien compliquer ta position. Rien de plus aisé que de rompre en visière à l'ancien meunier, et s'il le faut même de le traiter de Turc à More; ni ton cœur ni le mien ne saigneront, si tu te vois forcé de lui administrer les pilules amères de l'huissier et du procureur; mais que, par malheur, au lieu de la tête abominable de Bahurot, tu te trouves avoir en face la figure ravissante de ta cousine, et que l'amour se mette de la partie, je prévois que la victoire ne te restera pas.

Touché de ce reproche, Octave avoua qu'il avait un peu trop insisté pour ne pas ca qu'il Marguerite au nombre de ses ennemis; mompter désormais il se tiendrait mieux sur ses gardes, afin de ne pas donner gain de cause au cauteleux joueur qu'il avait en face.

Comment l'amour vient-il? C'est là un profond mystère! Quelque grande que fût la beauté de

Marguerite, et si puissant que se montrât le charme de son caractère, il est peu douteux que si Octave avait été dans un état normal de santé, il n'eût très-bien su se défendre contre une passion dont il comprenait les fatales conséquences. Ses projets d'avenir, projets auxquels il tenait d'autant plus démesurément qu'il n'avait pu jusque-là en réaliser la plus minime partie, l'auraient efficacement protégé contre les faiblesses proposées par son cœur, si ses jambes avaient pu le porter à droite ou à gauche au dehors de la maison, si, en un mot, il avait vécu dans cette activité toujours nécessaire pour maintenir l'intelligence et la volonté dans un état de vie convenable. Mais par malheur ses blessures furent longues à se fermer, et long-temps après qu'elles ne donnaient plus d'inquiétudes pour son existence, elles étaient encore telles que la moindre imprudence pouvait, en les renouvelant, amener des accidents funestes. Marcel, lui, plus heureux, était sur pied et courait les champs, tandis qu'Octave, rongeant son frein et au désespoir de ne pouvoir aller à Paris prendre langue avec le nouveau régime, maugréait au fond de son lit.

Il eut beau se gendarmer contre lui-même, il n'empêcha pas que sa seule et unique consolation ne fût la société de Marguerite. L'entretien du père Bahurot avait pour lui peu de charmes, on le conçoit; les dires de son oncle n'étaient guère plus divertissants, et ne se composaient que de litanies à la louange de l'ancien régime et de diatribes contre les jacobins. Il ne restait donc que Marguerite avec qui le lieutenant blessé pût échanger ses pensées. Elle seule comprenait quelque chose au plaisir donné par les beaux vers, par la musique, par ces conversations perdues sur des sujets impalpables dont les jeunes cœurs ne se défendent pas de chérir l'enivrement. En vain s'efforçait-il, pour garder sa liberté, d'affecter des airs moroses et de congédier souvent la pauvre enfant, de manière à lui paraître rude et déplaisant et à s'en faire une ennemie ; Marguerite, dans l'innocence de son âme et avec cette douceur extrême qui lui paraissait nécessaire à garder avec les malades, mettait invariablement toutes les boutades de son cousin sur le compte de la souffrance, le plaignait du fond du cœur en le voyant isolé, et sachant que personne, hormis elle, ne pouvait dans la maison prétendre à le distraire, elle se trouvait obligée en conscience à rester près de lui le plus qu'elle pouvait. Et cependant elle n'avait pas d'amour pour lui ; et cependant, toute bonne qu'elle était, le sang du vieux Bahurot ne coulait pas impunément dans ses veines ; si elle avait pleinement adopté les idées de son père qui la plaçaient bien au-dessus de tous ses voisins villageois, elle ne répudiait pas complétement les avantages de son origine maternelle, et se félicitait en secret d'être la plus riche héritière du bourg. Tout en méprisant dans le fond de son cœur l'âpreté du meunier, elle avait l'esprit trop juste pour ne pas sentir que le personnage était doué d'une énergie bien supérieure au caractère faible de Gérard, et, voyant Bahurot consacrer tous les instants de sa vie, toutes ses pensées au désir d'amasser du bien, elle en avait involontairement conçu une secrète estime

pour la richesse , et tombait d'accord avec elle-
même que sa destinée , tracée d'avance par son
grand-père , était juste et nécessaire , et ne pouvait épouser qu'un homme qui doublerait sa fortune.

Mais puisque je suis en train de faire des aveux
qui descendent les caractères de mes héros de la
sphère idéale où, d'ailleurs, historien exact, je
n'eus jamais la pensée de les faire planer, je dirai
encore qu'Octave n'avait pas, dans ses terreurs pru-
dentes, prévu le cas où l'insensibilité de Marguerite le mettrait tout naturellement à l'abri du danger. Sans être fat et avec une naïveté toute parfaite, il résistait pour sa cousine autant que pour
lui-même.

Quelle ne fut donc pas sa surprise secrète lorsque, sentant un jour que bien décidément son
cœur amolli par l'oisiveté, la présence et les longs
entretiens de la plus charmante des femmes, son
cœur le trahissait et allait lui échapper, il jeta les
yeux sur sa situation, et qu'il découvrit que Marguerite marchait d'un pas tranquille sur le bord de
l'abîme, n'éprouvant visiblement ni crainte ni ver-
tige ! Sa surprise, dis-je, fut grande, son désap-
pointement plus grand encore. Décidément il ne
pouvait se dire qu'il avait refusé d'aimer, puisque,
l'eût-il voulu, il n'eût peut-être pu gagner un
cœur qui restait si froid à côté du sien. Cette conviction, qui aurait dû lui servir à maintenir d'une
main plus ferme ses résolutions premières, le rem-
plit déraisonnablement de dépit et de chagrin.
Considérant désormais Marguerite, non plus comme une idole que sa haute sagesse ne voulait pas

encenser, mais comme un trésor qui se refusait à lui, il éprouva d'abord une espèce de curiosité qui le porta à rechercher pourquoi le phénomène qui l'étonnait si fort avait lieu. Il ne s'occupa plus, comme par le passé, d'éviter ou d'abréger les visites de sa cousine ; il prolongea au contraire ses entrevues avec elle et il les tourna de préférence vers des sujets qui pouvaient lui donner la clef du mystère ; il se perdit donc avec la jeune fille dans ces entretiens délicats et perfides qui cachent tant de fondrières, et s'efforça de se faire expliquer un cœur dont il ne connaissait pas les mouvements. Pour faciliter les confidences, il en fit lui-même ; pour arriver à savoir pourquoi il n'était pas aimé, il expliqua, et avec un attendrissement qu'il croyait perfide, les ressorts secrets de ses tendresses ; et c'est ainsi que bien longtemps avant d'avoir vu clair dans l'abîme, il y tomba sa sonde à la main, et, malgré ses résolutions, il aima !

Il aima ! et d'un amour d'autant plus violent qu'il mit plus de temps à en convenir avec lui-même, plus de honte à l'accueillir, plus de soin à le dérober à la vue d'autrui ; il aima d'autant plus encore que la surprise première de n'être pas aimé se changea en une douleur poignante, en un trouble, en un désespoir indicibles ! Humilié d'être indifférent, désespéré s'il n'eût pas dû l'être, ajoutant aux obstacles que son ambition avait rencontrés dans sa vie passée le nouvel embarras édifié de ses propres mains, il ne savait à quel parti s'arrêter, et ne s'apercevait pas qu'il n'était déjà plus libre de choisir. La tranquillité sceptique de Marcel l'effrayait hors de toute mesure, et il ne pouvait songer sans frissonner au désordre avec lequel il lui faudrait peut-être un jour faire l'aveu de ce qu'il qualifiait sévèrement de lâcheté et d'oubli criminel de ses devoirs les plus saints.

Il en était là, quand sa santé un peu raffermie lui permit enfin de faire usage de ses membres, de se lever et de risquer quelques pas hors de sa chambre. Marguerite lui devint alors plus nécessaire que jamais. Elle lui donnait le bras et le conduisait à l'ombre, où elle s'asseyait à côté de lui. Un jour, il s'abandonna à sa passion et parla. Marguerite fut surprise; elle rougit beaucoup et garda le silence. C'est que les paroles d'Octave renversaient tout ce qu'elle avait cru de l'avenir. Elle n'avait pas d'amour pour son cousin, mais elle n'en avait non plus pour personne; elle craignit, à voir Ternove s'exprimer avec une chaleur d'autant plus vive qu'il la réprimait et la contenait, elle craignit de l'affliger, et elle n'avait pas une idée bien précise, tant s'en faut, de ce à quoi sa condescendance allait l'engager. Elle ne repoussa pas les vives déclarations du jeune officier et ne les confirma pas non plus; de sorte que l'imagination d'Octave resta libre de se fourvoyer plus encore en se lançant à corps perdu dans les plaines illimitées où l'espoir passe le temps à se gourmer avec le doute.

Sur ces entrefaites, l'année 1815 avait commencé; on était arrivé au mois de février, puis au mois de mars, et Octave, qui se sentait assez fort pour se rendre bientôt à Paris, vit tous ses plans renversés par le retour subit de Napoléon. Nous l'avons trouvé, au commencement de cette histoire, cherchant la solitude sous prétexte de pêche, dévoré d'inquiétudes, de chagrins, de soucis de toute espèce ; il était amoureux malgré lui, ambitieux par principe, craignait de n'être pas aimé, voyait ses desseins sur son héritage au moins ajournés, faisait tourner la tête à Gérard, l'eût fait perdre à Marcel si le brave jeune homme n'eût pas été un stoïcien consommé, accablait Marguerite de reproches sur son indifférence et sa froideur, et ne paisait en cet état qu'à une seule personne ; c'était à M. Bahurot, qui suivait de l'œil tous les faits et gestes du neveu de son gendre, et qui commençait à se croire en bon chemin de conserver le domaine de Ternove, tout en restant maître de marier sa petite-fille à son gré.

CHAPITRE IV.

Des douleurs et des angoisses telles que celles
dont l'âme d'Octave était préoccupée n'étaient pas
faciles à adoucir par les conseils.

Marcel, d'ailleurs, n'appartenait pas à la tribu
loquace des donneurs de consolations. Il avait exa-
miné avec soin, bien qu'en silence, toute la conduite de son ami, et avait jugé la situation péril-
leuse. A la vérité, le bon philosophe n'avait pu deviner les chemins par lesquels avait passé l'imagination d'Octave pour en arriver là où elle était; la
pénétration n'est jamais une seconde vue. Toutefois il savait, à n'en pouvoir douter, Octave amoureux et comprenant à quelles tristes conséquences
cette nouvelle combinaison des éléments de sa vie
pouvait aboutir. Qu'avait-il donc à dire, lui? Que

pouvait-il conseiller? Tout au plus lui était-il permis d'attendre une occasion de se jeter en travers, et c'est ce qu'il faisait, observant et restant tellement silencieux, que son ami le considérait volontiers, dans son for intérieur, non comme un homme, mais comme une pierre.

La scène par laquelle nous avons commencé ce livre s'est arrêtée au moment où les deux officiers se disposaient à rentrer au logis. Il était tard déjà, et ils arrivèrent dans la maison à l'heure du souper. Tout semblait annoncer que le repas de famille ne serait pas calme ; les grands événements politiques reflétaient leurs lueurs d'incendie sur les esprits des convives ; chacun se mit à table en silence, bien certain que la plus petite circonstance donnerait lieu à une mêlée générale. Pour nous, imitant les historiens lorsqu'ils ont amené leurs lecteurs sur un champ de bataille où vont se décider les destins des empires, nous ne ferons pas mal de considérer l'attitude dans laquelle chacun de nos personnages se posa devant son assiette.

Le père Bahurot occupait, comme de raison, la place d'honneur, la place du centre ; c'était lui qui servait, en qualité de maître de maison, titre glorieux que ce jour-là, plus que jamais, il paraissait décidé à maintenir. C'était un petit vieillard à la figure large et rubiconde, au nez et au menton pointus ; il n'avait plus de dents, et ses lèvres, naturellement minces, s'étaient rabattues sur les gencives et laissaient entre son nez et son menton une très-courte distance ; il avait de gros yeux gris pétillants sous d'épais buissons de sourcils, et une perruque rousse tirée de travers sur son front. Du reste, ses jambes étaient replètes, son ventre rebondi, et il était enfoncé carrément dans son fauteuil de l'air d'un homme prêt à vous dire : « J'y suis, j'y resterai. »

Il passa le coin de sa serviette dans la boutonnière de son habit marron, et avec une bonne humeur bien insultante, il dit en mettant la cuiller au plat :

— Qui veut la pâtée ? c'est moi qui l'ai et qui la donne !

A ce propos, dont la portée parut être comprise de tous, Marguerite jeta sur son cousin un regard suppliant, et M. Gérard de Ternove, un vieillard grand et maigre, à l'air doux, décoré depuis la rentrée du roi de son ancienne croix de Saint-Louis, baissa la tête ; ainsi se déconcerte le soldat peu valeureux qui entend siffler un boulet.

Octave, lui, fronça le sourcil ; mais Marcel, tendant son assiette d'un air jovial, s'écria :

— Allons, M. Bahurot ! faites les honneurs !

Il y'eut un moment de silence. Le meunier attaquait chacun du regard.

— Eh bien ! dit-il, voilà donc notre grand empereur revenu ? Ça doit vous remettre le cœur au ventre, à vous autres troupiers !

Gérard coupa la parole à son neveu qui allait répondre :

— Bahurot, dit-il, je vais écrire à Paris pour qu'on t'expédie ton cher Corse dans la cage de fer où il va être présenté au roi.

— Vous vous trompez, mon oncle, interrompit Octave d'un air grave. L'empereur ira à Paris à la tête d'une armée, et si quelqu'un est mis en cage, ce sera Louis XVIII. Je suis de l'avis de M. Bahurot; l'empereur est de nouveau le maître. Mais, loin de m'en féliciter, je tiens avec vous que c'est un immense malheur pour tout le monde en général, et pour nous en particulier.

— Moi, dit Bahurot en se frottant les mains, je ne suis pas fâché de voir jeter à la porte cette vermine d'émigrés gueux et fripons qui voulaient nous voler nos biens. Au moins avec l'empereur, respect aux propriétés ! Dame ! celui-là n'entend pas la plaisanterie !

— Je vous comprends, monsieur, repartit Octave ; et en parlant il fixait sur le meunier des yeux brillants d'indignation. Non-seulement vous m'avez dépouillé, vous voulez m'insulter encore ; mais je suis fâché de vous dire que votre âge ne m'empêchera pas de vous remettre à votre place, si vous osez jamais, dans cette maison, vous écarter du respect dû au fils de vos maîtres !

— Ma foi, Bahurot, mon gâs, dit Gérard, tu n'as que ce que tu as été chercher, et je te conseille de rester tranquille.

Mais l'avis ne s'adressait pas à un homme disposé à en profiter. Le meunier ne reculait pas souvent devant une discussion, surtout lorsqu'il se sentait le plus fort. Il ne répondit donc à l'invitation ironique de Gérard qu'en croisant ses deux bras sur la table ; et, regardant Octave à son tour :

— Ne vous gênez pas, mon garçon, répondit-il; ma parole d'honneur, vous m'amusez! Et ce n'est pas seulement dans cette minute où je viens de vous entendre prononcer un discours si bouffon; mais si vous saviez vous-même, depuis trois jours, combien vous êtes plaisant, vous ne pourriez vous tenir d'en éclater de rire!

— M. Bahurot! cria Octave.

— Mon Dieu, laissez-le! continua le meunier en adressant un regard impérieux à Marcel et à Marguerite; aussi bien faut-il que je lui dise en deux mots combien j'ai trouvé sa conduite richement ridicule. Sitôt que la nouvelle glorieuse du débarquement de Napoléon est arrivée ici.... Vive Napoléon! Moi, j'aime Napoléon! c'est un grand homme! Bois avec moi à sa santé, Marguerite!

— Non, mon grand-père, répondit la jeune fille avec une certaine agitation.

— Tu ne veux pas? C'est bon, dit le méchant vieillard en le regardant en dessous; je sais pourquoi! tu vas aussi avoir ton compte tout à l'heure. En attendant, je fais l'affaire de M. Fier-à-bras. Quand donc on a su que notre illustre empereur revenait, voilà ce petit jeune homme-ci qui a commencé à faire des conciliabules avec le vieux Gérard que voilà, pour savoir s'il irait à son régiment ou non! C'est bon! et je riais à part moi pour ce que vous verrez tout à l'heure. Puis voilà mes deux gaillards qui se sont mis à déraisonner sur les Capets... Ce sont les fils d'Henri IV! Ce sont ci, ce sont là; et puis à parler de leurs aïeux les Ternove, un tas de marquis (saute, marquis!) des gens qui ont fait des horreurs dans la contrée aux temps anciens, comme chacun sait, et M. Octave qui voulait imiter, disait-il, leur belle conduite (jolie, ma foi!) et aller offrir son bras au fils d'Henri IV... Des bêtises! Et moi, que j'en riais en moi-même à me rendre malade! Maintenant, mon ami, je m'en vais vous dire le fin mot de toutes ces manigances! Vous cherchiez à mettre dans le sac ce bon M. Gérard qui est la brebis du bon Dieu, et vous n'aviez pas plus envie d'aller revoir votre fils d'Henri IV que votre empereur! Ah! mais, c'est que le père Bahurot n'est pas encore aveugle, malgré ses quatre-vingts ans et six mois, et vous êtes un blanc-bec qui rougissez en ce moment comme une fillette, et qui n'êtes pas en état, je vous en réponds, de lui tenir tête! Vous faisiez votre galant auprès de mademoiselle que voilà, avec son air sage comme une image..., mais qui n'en pense pas moins! Vous lui donniez des petits bouquets, et puis vous lui écriviez des petites chansons, et puis vous lui faisiez des petits mamours! Parce que ne pouvant pas arracher au père Bahurot son saint-frusquin, vous cherchiez, comme un intrigant que vous êtes, à le lui friponner en épousant sa fille! Mais, mon garçon, vous n'aurez ni la fille, ni le magot!

— Monsieur, s'écria Octave hors de lui, si je vous jetais par la fenêtre?...

Marcel força son ami à se rasseoir et engagea le meunier à faire trêve à sa grotesque rhétorique; mais ceci n'entrait point dans les intentions de la puissance belligérante.

— Non! non! reprit-il d'une voix tonnante; il faut que ce monsieur sache bien que je suis le maître ici, le fus et le resterai. Je vous ai déjà mis à la porte une fois, Octave, je vous y mets une seconde ! Maintenant que Napoléon est de retour, je me moque des marquis et n'ai plus rien à ménager ! Allez rejoindre votre Henri IV si cela vous fait plaisir ; allez mendier avec lui chez les Allemands et les Cosaques, cela m'est égal ! Mais si vous essayez de demeurer, je vous fais arrêter comme déserteur et conduire de brigade en brigade jusqu'à votre régiment. Et si quelqu'un ici n'est pas content, il couchera ce soir dehors. Entendez-vous, M. Gérard ? Entendez-vous, mademoiselle Marguerite ?

Marcel prit Octave par le bras, et sans se soucier de sa fureur, le conduisit de force dans un cabinet voisin où il l'enferma à double tour, puis il revint s'asseoir, et ayant rempli son assiette et son verre, il commença ainsi à argumenter avec le farouche despote :

— M. Bahurot, il y a du bon dans ce que vous nous avez débité là ; mais vous faites de la peine inutilement à ce bon M. Gérard qui n'est plus d'âge à vous résister, et à mademoiselle qui vous honore infiniment.

— Ce bon M. Gérard, repartit le meunier, pourvu qu'il ait tous les jours sa soupe prête sans l'avoir gagnée, il se soucie bien de ce qu'on lui dit !

— Bahurot, répondit le vieil officier d'un ton plein d'une vraie tristesse, je ne suis plus en état de me défendre contre tes ignobles emportements. Je sais bien que j'ai vécu comme un lâche, acceptant une position qui me dégrade ; mais le mal est fait. Octave et moi nous avons eu besoin de ton pain, ensuite j'ai été le mari de ta fille (c'est ma plus grande ignominie, et je n'ose croire que Dieu me la pardonne !). Abuse donc, mon drôle, de la victoire que je t'ai laissé prendre, mais ne t'imagine pas que je ne sens point ma bassesse et que je ferme les yeux sur ce que tu es.

— N'exagérons rien, dit le conciliant Marcel.

— Laissez-le aller, reprit Bahurot ; il aime les grandes phrases et m'en fait quelquefois. Je finirai quelque jour par me lasser, et mademoiselle que voilà s'en apercevra bien. Et *vive l'empereur !* Il va forcer tous les ci -- devant à rengainer leurs prétentions !

Pendant le cours de cet orageux colloque, Marguerite avait tenu ses yeux baissés ; des nuages blancs et pourprés s'étaient tour à tour succédé sur ses joues, et à deux ou trois reprises il avait été visible qu'elle était poussée par un mouvement intérieur à prendre la parole à son tour ; mais sa réserve ordinaire l'avait jusque-là retenue. La nouvelle interpellation presque directe du meunier termina la lutte entre sa modestie et ses secrets sentiments, et, fixant ses beaux yeux résolus sur le brutal, elle lui dit d'une voix douce, mais positive :

— Mon grand-père, vous avez tort de nous parler ainsi. Vous ne pouvez rien gagner à faire le malheur de ceux qui vous entourent, et si je dois encore entendre offenser les personnes qui me sont le plus chères, je n'attendrai pas les effets de votre sévérité pour prendre leur défense, et, s'il le faut, pour suivre leur destinée.

— Voyez-vous ? dit Bahurot en se tournant

vers Marcel. Est-ce que je n'avais pas deviné juste? Petite scélérate, si tu veux courir après ton Octave, je t'en laisse libre; mais je ne souffrirai pas que tu prennes ma maison pour y commettre tes infamies!

La grossièreté des injures, la fausseté des accusations suffisent, la plupart du temps, pour confondre de crainte et réduire au silence les innocents attaqués. Marguerite, en entendant les honteuses diatribes de son grand-père, sentit toute sa pudeur se révolter, prendre peur et abandonner sa cause; certainement, si elle n'avait eu dans les veines que le sang de Gérard, elle aurait quitté la partie et se fût mise à pleurer. Mais elle tenait aussi de son persécuteur et n'était pas exempt de cette fermeté native qui, dans le vieux coquin, avait dégénéré en dureté féroce. Elle ne fut donc pas réduite au silence pendant plus d'une seconde.

— Je suis fâchée, reprit-elle, de voir un parent que je respecte me parler d'une manière si indigne. Soyez sûr que je ne vous aurais jamais désobéi ni résisté si vous ne m'y eussiez contrainte; mais puisque vous me poussez à bout, je vous dirai la vérité toute entière: Je n'ai pour mon cousin aucun sentiment dont je doive rougir. Je ne sais pas ce que vous appelez lui courir après; rappelez-vous, mon grand-père, que c'est vous-même qui plus d'une fois m'avez ordonné de lui montrer de l'affection, et m'avez même grondée pour ne pas lui en témoigner assez. Ce matin, je n'avais nulle envie d'aller contre les projets que vous avez formés pour mon avenir, et je ne m'étais décidée en aucune façon à considérer mon cousin comme mon futur mari ; mais puisque vous montrez tant de rudesse envers lui, envers mon père et envers moi, je vous annonce avec soumission que je change d'avis, et que...

— Mademoiselle ! Mademoiselle ! s'écria Marcel en lui coupant la parole, ne précipitez pas ainsi les choses ! Au nom du ciel, ne parlez pas si imprudemment ! Vous êtes trop jeune pour bien comprendre la gravité de ce que vous dites !

— Mais laissez-la donc aller ! hurla Bahurot. Quand je vous dis que ce n'est pas une honnête fille ! Laissez-la vous le prouver elle-même !

— Mademoiselle, poursuivit Marcel en se levant, il est impossible que la conversation continue sur ce ton, et je vous annonce respectueusement que je ne le permettrai pas. Souffrez que je vous entretienne pendant quelques minutes sur la terrasse. M. Bahurot, je vous en conjure, laissez-moi dire à Mademoiselle quelque chose qui, j'en suis sûr, la fera changer de sentiment.

— Ma foi, si elle en change, dit Gérard, je la renie pour ma fille ; car j'ai le cœur tout ravi de voir comme elle a rivé le clou à ce gredin !

— Monsieur Marcel, dit Marguerite d'un ton sérieux, je ne fais pas en ce moment un coup de tête, je crois accomplir un acte de justice et de probité dont jusqu'à ce moment je n'avais pas compris l'importance et la nécessité. Pourtant je ne refuse pas de prêter une oreille très - attentive, je vous l'assure, à des conseils dont j'apprécie d'avance le désintéressement. Ainsi venez sur la terrasse, je vous écouterai ; mais je crois pouvoir vous assurer que vous n'ébranlerez pas ma résolution.

— Parlez ! pourparlez ! s'écria Bahurot, moi je vais me coucher. Mon parti est pris ; ou la donzelle pliera, ou elle décampera. Messieurs et mesdames, j'ai bien l'honneur de vous souhaiter le bonsoir.

Ce disant, le meunier prit un flambeau sur la table, et avec un gros rire brutal, et en levant les épaules, il sortit de la salle à manger ; Marguerite et Marcel en firent autant par la fenêtre de plain-pied qui conduisait à la terrasse, de sorte que Gérard resta seul attablé, regardant fixement devant lui et perdu dans des réflexions rétrospectives qui n'avaient rien de flatteur pour son amour-propre.

Cependant les deux amis, car on peut hardiment leur donner ce nom, s'étaient appuyés sur le petit mur de pierre de la terrasse au niveau duquel montaient les cimes des rosiers et des jasmins plantés au-dessous en palissade. Au milieu d'un ciel d'une pureté sans égale, la lune planait et jetait sur toute la contrée une lueur triste remplie de charmes. Mais, bien que cette clarté délicieuse, bien que la douceur de la soirée, le gazouillement de quelques oiseaux, le bourdonnement des insectes nocturnes méritassent de toucher le cœur, les deux promeneurs étaient trop engagés dans le monde de leurs pensées pour avoir une seule idée à donner à des jouissances aussi calmes. Ils vinrent, dis-je, s'appuyer sur le petit mur, et Marcel, non sans quelque émotion, car son âme ferme n'était pas dure, son esprit sceptique n'était pas froid, commença ainsi l'entretien :

— Octave, mademoiselle, ne m'a fait nulle confidence à votre sujet ; par conséquent il m'a laissé complétement libre d'exprimer ma façon de voir sur les nouvelles relations qu'il peut désirer d'établir avec vous. Je connais trop mon ami pour douter un instant de la sincérité comme de la loyauté de ses intentions ; et si votre cœur est prévenu pour lui, vous n'avez pas à craindre que, par des révélations ou des accusations fâcheuses, je vienne souiller la pureté de ce que vous avez pu rêver. Mais, je dois vous le dire, une union entre vous et Octave, et c'est, ce me semble, la menace que vous alliez adresser à votre grand-père lorsque je vous ai arrêtée, me paraît irréalisable ; elle serait funeste au bonheur de tous deux.

Octave n'est pas ce que vous le croyez. L'ambition domine dans son âme, et il ne pourrait, le voulût-il lui-même, renoncer sa propre nature ; les instincts qui coulent avec son sang battent avec son cœur, remplissent son imagination, et donnent à son esprit toute son activité. Vous êtes belle, vous êtes bonne, vous êtes spirituelle, charmante, faut-il s'étonner que votre magie, séduisant sa jeunesse, le trompe un moment sur ses voies ? Non sans doute, rien n'est plus simple ; mais, croyez-moi, avec toute sa bonté, Octave n'est pas exempt de la qualité nécessaire à un ambitieux, il a de la dureté dans l'âme ; c'est bien heureux pour les gens de sa trempe, car si les hommes dont le génie est actif ménageaient toujours le cœur de la femme qui leur a tout donné, il n'y aurait peut-être pas de grandes vertus dans ce monde. Epousez Octave, un jour vous serez pour lui un obstacle.

Vous voulez son bonheur ? vous aurez perdu sa

vie. Longtemps sans doute il cherchera à vous cacher des souffrances qui ne viendront que de vous... mais un jour vous lirez dans son âme, et votre existence deviendra un enfer !

Marcel avait parlé avec l'animation que donne une intention droite. Tout entier au tableau qu'il traçait, il n'avait pas regardé une seule fois Marguerite ; lorsque, en terminant, il laissa tomber ses yeux sur elle, il la vit comme suspendue à ses paroles et semblant en savourer tout le chagrin.

Elle n'avait pas d'amour pour Octave, je l'ai dit, ou du moins elle n'avait pas encore éprouvé cette fièvre brûlante qui offusque les sens et la raison, qui ferme l'oreille aux conseils et rend impossible toute réflexion froide. Elle n'avait rompu la glace avec son grand-père que par l'impulsion d'une juste colère ; partant, elle put comprendre la justesse des paroles de Marcel. Cependant, lorsqu'on s'est vivement avancé, on ne recule plus sans combattre, et elle allait répondre sans doute par quelque objection aux discours de son ami, quand celui-ci se sentit saisir le bras. Il se retourna, et vit Ternove qui le regardait avec des yeux enflammés.

— Merci, lui dit amèrement le jeune homme, des efforts que tu fais pour me briser le cœur ! Mais tu me permettras sans doute de me défendre ? Marguerite, écoutez-moi à mon tour.

CHAPITRE V.

— Chère Marguerite! il y a quelque chose qui
gouverne plus mon cœur que tous les désirs dont
mon imagation a pu d'avance charger ma destinée;
c'est la reconnaissance, c'est l'amour, obligations
plus grandes, plus dignes que j'ai prises envers
vous! J'ai vu clair en moi depuis quelque temps.
Marcel m'a dépeint avec assurance, mais il se
trompe. Par qui me connaîtrait-il? par moi seul;
et jusqu'ici je me suis égaré sur une route que je
ne suis pas fait pour parcourir. Il est vrai, j'ai
redouté l'amour plus que tout au monde! Je l'ai
d'avance maudit, repoussé; j'ai juré que je ne le
ressentirais pas. Mais qu'en doit-on conclure,
sinon qu'à mon insu je devinais combien cette passion devait en moi abaisser les autres? Je m'étais

fait un idéal faux et, pour en atteindre les sommets, il me fallait rompre avec tout ce que je me sentais être. Ne me dites pas, mes amis, que je suis dupe de moi-même, que mon esprit s'envole à la poursuite d'une chimère, que le bouillonnement d'un sang trop jeune obscurcit ma vue et m'empêche d'apprécier la vérité ! Marguerite, Marguerite, je me suis demandé impérieusement ce que je pouvais être ; n'en doutez pas, je n'ai d'autre pouvoir que celui de vous aimer !

— Fatal aveuglement ! tristes discours ! dit Marcel, et dont tu ressentiras un jour le vide et les dangers ! Pour les âmes les plus tendres, l'amour est-il jamais plus qu'une distraction de quelques mois, de quelques années de la vie, et ne faut-il pas toujours en revenir aux routes où s'est engagé l'esprit, l'esprit autrement tenace que le cœur ? Si vous voulez vous aimer, songez-y bien ! c'est à de grands malheurs que vous courez, à de grands troubles. Pour moi j'aurai rempli mon devoir envers l'un comme envers l'autre de vous deux, et je n'ai plus qu'à vous préparer le baume de bien stériles consolations pour le temps où votre ivresse sera dissipée. Mais laissons l'avenir, ne nous occupons que du présent. M. Bahurot ne veut pas que tu restes : quelle résolution as-tu prise ?

— La plus simple, répondit Octave ; je vais m'éloigner.

En disant ces mots, il saisit une main que Marguerite lui abandonna, sans cesser de tenir les yeux fixés sur la terre ; la jeune fille était partagée entre les discours des deux amis et les pensées que ces discours faisaient lever et bourdonner dans son sein.

— Oui, je vais m'éloigner, continua Octave avec un soupir. Je ne rejoindrai pas le régiment.

— Tu désertes?

— Je déserte. Puisque la France est désormais partagée en deux camps, je me livre à celui de mes maîtres qui a le meilleur droit de compter sur ma fidélité. Je sais trop bien d'ailleurs qu'à servir l'empire je n'ai rien à gagner ; je veux voir si, à la suite du roi, je ne serai pas plus heureux.

— Et si le roi, dit Marcel, chassé comme il va l'être, car il ne pourra certes tenir ni dans Paris, i dans les départements du Nord, te joue le méchant tour de ne revenir jamais?

— Eh bien ! lui et moi nous aurons perdu la partie, répondit Octave ; j'aurai du moins fait quelque effort pour la gagner, et, libre de recommencer sur nouveaux frais une autre carrière, j'espérerai peut-être avec plus de raison des succès que je n'ai guère obtenus jusqu'ci.

— Tiens, dit Marcel amèrement, chacune de tes paroles me garantit le malheur de Marguerite. Malgré toi, tu poursuis tes calculs ; tu es ambitieux, et rien qu'ambitieux.

— Oui, ambitieux ! répondit Octave avec force ; mais aujourd'hui ce n'est plus pour moi, ce n'est plus pour la satisfaction seule de rêves égoïstes, que je prétends m'élever au-dessus du niveau commun ; c'est pour elle ! pour elle seule ! Je ne veux pas qu'elle appartienne à un aventurier sans ressources.

Marcel leva les épaules.

— Quand pars-tu ? dit-il.

— Demain matin. Je cours à Paris. Je réussis. Un pressentiment me le dit , je me ferai remarquer ; enfin je tirerai poil ou plume de cette situation de trouble et de renversements. Toi , que fais-tu ?

— Tu le sais, répondit Marcel ; je rejoins tranquillement mon corps, et sans prétention à la gloire pas plus qu'à la puissance, n'en ayant pas même à l'amour , il m'importe peu de courir après des jouissances qui coûtent, suivant moi, un peu trop cher. Je vais continuer paisiblement mon sot métier, sûr d'avance que tous les autres ne sont pas moins ridicules. Mais voyons, il se fait tard, c'est assez raisonner. Le plus certain, c'est que dans la crise actuelle , en supposant Marguerite touchée par tes hommages , vous ne devez pas songer au mariage tant que Bahurot vivra. Croyez-m'en , le moindre délai à présager, c'est plusieurs mois. Soyons donc calmes ; retirons-nous chacun dans notre chambre , et demain nous terminerons un entretien dans lequel nous déciderons plus froidement de l'avenir de tous deux.

Octave avait toujours gardé la main de Marguerite. Il la serra avec tendresse, et la jeune fille leva ses yeux enchanteurs sur ceux de son amant.

Les deux jeunes gens n'échangèrent aucune parole ; Marcel les gênait, et Marcel, très-assuré de l'inopportunité de sa présence, était fort décidé à rester indiscret. Bientôt le rigide confident insista de nouveau pour qu'on se séparât, et Marguerite, ayant dégagé sa main , s'éloigna la première et rejoignit Gérard qui, depuis longtemps, ayant quitté sa place à table, se promenait de long en large dans l'appartement.

Henri ne voulut pas permettre à Octave d'aller faire des adieux à son oncle.

— Ce serait , lui dit-il , un moyen de n'en pas finir de cette nuit. Ton oncle n'a pas besoin de tes bonsoirs, et Marguerite les a assez reçus.

Les jeunes gens s'acheminèrent donc vers leurs chambres respectives , situées dans une aile lointaine du bâtiment et à côté l'une de l'autre, et Octave s'enferma.

Le bruit du verrou fit sourire Marcel. Il resta quelque temps afin de s'assurer que ce n'était pas une ruse et que son camarade ne méditait pas quelque promenade nocturne ; il put se convaincre que, si l'un des deux avait l'intention d'aller courir les champs, c'était lui seul. Il rouvrit doucement sa porte , s'étudia à ne pas éveiller les échos du corridor, et se glissa jusqu'à la chambre où le père Bahurot dormait profondément, et avec un bruit capable de dominer le tumulte de toute une assemblée.

Marcel avait acquis une ombre d'influence sur l'esprit du meunier ; celui-ci trouvait dans le caractère du sous-lieutenant un fonds de rigidité qu'il avait pris pour de la rudesse, et qui lui semblait sympathiser assez avec ses propres sentiments. En outre, Marcel était plébéien comme lui, et, bien que sans fiel , ne se refusait pas quelquefois le plaisir de plaisanter Gérard et Octave sur leurs prétentions héraldiques. A la vérité, il se taisait aussitôt que la grosse voix du meunier apportait à sa cause un renfort de trivialités brutales ;

mais Bahurot, incapable de comprendre cette nuance, restait convaincu de sa parfaite entente avec Henri, et disait de lui en toutes rencontres que c'était un *bon enfant,* genre d'éloge fort en faveur auprès des gens du peuple, et dont les linguistes futurs seront certes fort embarrassés de préciser la signification.

C'était à la conscience de sa faveur que Marcel empruntait en ce moment l'audace d'aller troubler le père Bahurot dans son sommeil.

Le moment du réveil faillit être rude cependant; mais Henri avait un moyen sûr d'en adoucir la véhémence.

— Allons, allons! dit-il, un ami ne peut-il venir causer avec vous la nuit sans que vous vous fâchiez? La colère en pareille circonstance n'est permise qu'aux cacochymes; mais fi donc! quand un homme est aussi fort et aussi frais qu'un garçon de vingt ans!...

C'était l'unique faiblesse du vieux meunier; il tirait un orgueil extrême de sa vigoureuse constitution, et n'aurait pas voulu passer pour maté par l'âge; les paroles de Marcel étouffèrent les volées de jurons qui allaient signaler le réveil de Bahurot.

— Enfin, qu'est-ce que vous voulez à cette heure-ci? demanda le vieillard.

— Vous parler des affaire de tout le monde, et par occasion fumer une pipe avec vous, ce que nous n'avons pas fait depuis plus de huit jours.

— Ah! quant à la pipe, troupier, répondit Bahurot, je ne demande pas mieux; mais pour le reste, c'est différent! J'ai pris mon parti et il faudra qu'on s'exécute. Ce polisson d'Octave partira ; le drôle a voulu me faire peur, et sans le retour de Napoléon, je ne sais, ma foi, ce qui serait arrivé ! Pour Marguerite, si elle parle encore de l'épouser, je l'envoie dans une de mes fermes, où elle apprendra s'il est agréable d'être vachère. N'en parlons plus !

— Au contraire, parlons-en ! reprit Henri. Puisque je suis de votre avis dans le fond, nous n'avons besoin que de nous entendre sur les détails ; je trouve, comme vous, déraisonnable de laisser votre petite-fille se mettre en tête un fâcheux mariage.

— Tu es un brave garçon ; mais laisse-moi faire ! Si elle le veut aujourd'hui, elle ne le voudra bientôt plus.

— D'accord ; mais les moyens doux valent mieux que la sévérité, quand on peut arriver au même résultat.

— Je me moque des moyens doux, et j'aurai plaisir à voir ma donzelle vachère. Sa grand-mère, qui valait mieux qu'elle, n'a pas commencé autrement.

— Ecoutez, père Bahurot, nous allons nous entendre. Je dis que, si j'étais vous, je ferais partir mademoiselle Marguerite vers quatre heures du matin, avant le jour ; je l'enverrais n'importe où passer la journée ; et Octave, qui s'éloigne lui-même demain, ne pourrait se lancer dans des adieux interminables. De plus, comme nos jeunes gens ne sont nullement aussi avancés que vous croyez, ils ne s'accorderaient pas pour vous désobéir.

— Vrai Dieu ! troupier, votre idée n'est pas mauvaise, sans compter que j'aurai ainsi le plaisir de les vertement tarabuster ! Voilà qui est dit. Quelle heure est-il ? Il est, ma foi, deux heures du matin ; en vous en retournant dans votre chambre, faites moi l'amitié d'avertir le garçon d'écurie. Qu'il me réveille dans une heure et demie, et mette la jument rouge à la carriole ; je conduirai moi-même mademoiselle Marguerite à la promenade. Il sera possible de la ramener le soir, j'imagine ?

— Bien certainement, répondit Marcel, Octave sera parti.

— Allons, laissez-moi encore dormir ma petite heure, puis en campagne ! Une poignée de main, mon brave, vous êtes homme de bon conseil.

Le cœur de Marcel saignait un peu à la pensée de ce qu'il venait de faire. Il avait jeté Marguerite dans la gueule du loup, et par sa faute la pauvre enfant allait passer une triste journée. Mais quoi ! ne valait-il pas mieux la livrer aux invectives et aux propos brutaux que de la laisser exposée aux douceurs qui, dans l'opinion de Henri, devaient lui devenir mortelles ? Il réveilla le garçon d'écurie, lui transmit les ordres du maître et alla se coucher, assez triste, mais du moins avec le sentiment d'avoir fait tout le possible pour empêcher des événements funestes.

Pendant que tous ces pourparlers avaient eu lieu entre Henri et Bahurot, Marguerite, ayant quitté son père, était rentrée dans sa chambre et s'était librement abandonnée à ses sensations.

Pour la première fois de sa vie elle cessa de raisonner pour sentir. Les conseils de Marcel disparurent; elle se rappela seulement l'exaltation d'Octave, ses appels à son cœur, ses protestations pour l'avenir, et fit moins attention au sens des paroles qu'à la chaleur brûlante avec laquelle la voix émue du suppliant les avais prononcées. Elle se rappela l'accent enthousiaste et convaincu d'Octave, ses gestes passionnés ; elle éprouva sans le savoir, la pauvre enfant ! que l'amour juge moins sur les faits que sur les mots, et se repaît de feu et de chimères. Bref, pour la première fois elle sentit son sang courir, son cœur battre, son front rougir, d'indicibles espérances, des désirs voilés, des aspirations infinies s'élever de tout son être ; pour la première fois elle vit disparaître d'autour d'elle la réalité, qui jusque-là l'avait étreinte ; il lui sembla que son âme montait sur des ailes immenses et vigoureuses vers un éther vivifiant où elle n'avait jamais plané ; elle crut respirer un air plus pur.

Les heures se passèrent pour elle dans cette rêverie enivrante ; elle ne sentait ni sommeil, ni fatigue, ni le désir de changer de place, et même elle n'avait pas la conscience de l'existence ordinaire. Si on eût pu la contempler dans ce moment, et qu'on l'eût vue assise sur le pied du lit, le bras appuyé contre le bois, la main perdue dans ses cheveux blonds dénoués, on aurait pu la prendre pour une fée charmante ; des nuages rosés passaient sur ses joues, chassés par le souffle embrasé de ses pensées.

Trois heures et demie sonnaient à la pendule du salon situé au-dessous de sa chambre, quand elle entendit des pas lourds retentir dans le corridor. Ce bruit inattendu la fit changer d'attitude.

Elle fut d'abord étonnée, puis elle s'effraya quand elle devint certaine que les pas se dirigeaient du côté de sa chambre. Précipitamment elle se leva avec l'intention d'aller pousser le verrou ; mais au même instant la porte s'ouvrit, et son grand-père parut enveloppé dans sa redingote grise, son chapeau à larges bords sur la tête, et le cou entouré d'une immense cravate rouge en laine tricotée.

— Parfait ! s'écria le vieillard, je suis enchanté de vous trouver habillée ! J'avoue que je ne m'y attendais pas, ce qui prouve que je ne savais pas encore tout ce dont vous êtes capable. Ah ! coquine ! nous allions faire quelque escapade ! un joli voyage d'amour avec un beau sous-lieutenant !

— Mon grand-père... je vous jure... murmura Marguerite révoltée.

— Jurez tant qu'il vous fera plaisir, mais il faut être bien fin pour attraper le père Bahurot. Ma colombe, vous plairait-il de descendre ? la carriole vous attend.

— Que voulez-vous dire ? s'écria la pauvre fille.

— Je veux dire que nous allons faire une petite course d'agrément, et que j'ai jugé à propos de me mettre en route de bonne heure. Ah ! je le sais bien ! Vous aimeriez mieux un autre compagnon qu'un grand-père. Je ne suis pas un vert galant, mais notre promenade sera plus saine pour votre honneur que celle dont vous vouliez vous régaler !

Marguerite était si indignée qu'elle n'essaya pas

même de répondre ; d'ailleurs elle ne comprenait pas nettement les paroles du vieux meunier, et ce voyage nocturne l'effrayait assez pour que la préoccupation en dominât les sentiments de sa fierté blessée.

Elle n'eut pas d'ailleurs le temps de demander des explications. Bahurot, pressentant que, s'il en venait à parlementer, la discussion serait longue, préféra n'avoir affaire qu'à la résistance. Il étendit donc la main sans hésiter, et saisissant sa petite-fille par le bras :

— Allons, s'écria-t-il, nous causerons dans la voiture aussi bien qu'ici !

Et il se mit en chemin, entraînant après lui Marguerite qui se débattit quelques instants, et qui finit par le suivre en fondant en larmes. Mais qu'étaient les larmes pour M. Nicolas Bahurot ? Toutes les femmes de l'univers auraient pu éclater en sanglots sous ses yeux sans qu'il y accordât la moindre attention.

— Allons ! allons ! disait-il en poussant Marguerite vers la voiture, vous vous consolerez ! Il n'y a pas de mal ; je vous promets que vous n'en mourrez pas. Claude, va ouvrir la grande porte ; donne-moi mon fouet. Allons, Cocotte, en route !

Le tyran appliqua un vigoureux coup d'encouragement à Cocotte ; et, se mettant à siffler un air assez joyeux, il partit au grand trot avec la désolée Marguerite.

Marcel était resté éveillé, et derrière les vitres de sa chambre il vit partir l'expédition. Il plaignit sincèrement sa pauvre amie de la journée qu'elle allait passer ; mais cette compassion ne l'empêcha pas de se féliciter de sa diplomatie. Il lui sembla qu'il avait atteint en cette circonstance à la hauteur de dévouement qui doit plaire aux honnêtes gens, et, plein de sa propre approbation, il n'hésita pas, lorsque le jour fut venu, à entrer dans la chambre d'Octave et à faire au jeune homme le récit des événements de la nuit.

Ternove laissa éclater toute sa colère.

— Maladroit! dit-il à Marcel, tu crois avoir bien réussi par cette violence! Fou que tu es, avec ta chimérique sagesse! songe donc que tant de mystère concentré autour de mon plus ardent désir ne fait qu'en augmenter l'intensité! Aimé ou méprisé, j'aurais pu dans l'absence prendre un parti peut-être conforme à tes vœux ; mais, grâce à ton zèle inconsidéré, je pars avec mon amour dans toute sa violence et avec l'ardent besoin de savoir quelle est ma destinée. Tu n'es qu'un sot!

— Et toi un enragé! J'use, pour te retenir, des seuls et trop faibles moyens que je possède! Si j'étais ton père, ton oncle seulement, ou même ton frère, je te donnerais un spécimen de ces mœurs féodales dont tu fais tant de cas, en te jetant dans un cul de basse-fosse où tu croupirais jusqu'à parfaite guérison de ton cerveau! Mais comme je ne suis que ton ami, je n'ai pu faire mieux pour t'empêcher de te perdre, toi, ou de te sauver en déshonorant ou en faisant mourir de chagrin la plus ravissante et la plus méritante des créatures! Ne me réponds pas! Tu vas me répliquer par quelque phrase de roman bien banale et bien plate. Je n'ai plus rien à te dire, et je ne veux rien entendre! fais tes paquets et va-t'en.

Les paquets ne furent pas longs. Octave n'avait que la garde-robe restreinte d'un sous-lieutenant, et lorsqu'il descendit dans la salle à manger pour déjeuner, il trouva son oncle occupé à lire le journal.

— Mon garçon, dit Gérard en secouant la tête d'un air triste, Bonaparte et les jacobins sont encore les plus forts. J'ai grand'peur que le roi ne recommence ses voyages, et qu'il ne me faille de nouveau cacher ma croix de Saint-Louis dans mon armoire. Le coquin d'usurpateur est en pleine marche sur Paris.

— Pourvu que je le devance, répondit Octave, je me console d'un malheur qui, je l'espère, pourra se réparer.

— Mon enfant, reprit Gérard, conduis-toi avec honneur; si je n'étais perdu de goutte, j'irais aussi offrir mon bras à la cause royale.

— Et moi, dit Marcel, je vous quitte demain pour aller revoir le marquis de Bonaparte, si cela plaît à mon colonel.

— Vous êtes un jacobin, mon enfant, et ne serez jamais que cela. Avant de nous quitter, mon brave Octave, je veux encore te parler de quelque chose.

— Dites, mon oncle.

— Je suis content, mon ami, que ma petite Marguerite t'ait plu. Au cas où ce crocodile de Bahurot continuerait à être soutenu par l'ogre de Corse dans son usurpation de ton bien, épouser ma fille est le seul moyen qui te reste de rentrer chez toi. Il ne faut pas le négliger.

— Ils ont tous perdu la tête ici, marmotta Marcel entre ses dents ; il n'y a que le vieux meunier de raisonnable.

— Tu te dois à toi-même, continuà Gérard, de reconquérir la maison du vieux Antonio. N'aie pas peur de l'opposition que tu rencontres ; le maraud de meunier n'a pas longtemps à vivre ; je te réponds du reste.

Octave attendri embrassa son oncle. Malgré son humeur présente contre Marcel, il serra vivement la main loyale que celui-ci lui tendait, et montant sur un cheval amené par le valet de ferme au bas du jardin, il gagna la grande route pour atteindre la petite ville où il devait trouver la diligence de Paris. Ce ne fut pas, sans doute, sans avoir attaché de longs et tendres regards sur la croisée de la chambre de Marguerite.

CHAPITRE VI.

Compter les pensées qui agitaient Octave pendant que la diligence s'acheminait vers Paris, ce serait entreprendre une énumération pareille au calcul des ustensiles renfermés dans un laboratoire d'alchimiste. L'amour y tenait la plus grande place, d'abord ; les visées d'ambition sur ce que le jeune officier allait trouver à Paris se croisaient aussi avec les plus tendres projets ; et puis venaient les bouffées de colère contre Marcel, les inspirations de haine envers Bahurot, les ressouvenirs de tendresse indulgente à l'endroit du faible Gérard. Enfoncé dans un coin de l'intérieur, Octave se plaisait tour à tour à se représenter des scènes assez pastorales et des épisodes militaires et même bureaucratiques, car il avait vaguement entrevu l'opportunité d'une visite au ministère de la guerre; puis tout à coup il pensait à la joie intime que ne pourrait manquer d'exciter en lui l'expulsion du vieux meunier, s'il parvenait jamais à l'effectuer.

Ce fut sous l'empire de ces vives agitations, contre lesquelles la fatigue et l'ennui du voyage restèrent sans pouvoir, que notre héros arriva à Paris. Il n'était pas tout à fait neuf dans cette grande cité, y ayant jadis fait un court séjour avec son régiment à l'époque de la campagne d'Allemagne, et il sut (science bien appréciée des provinciaux) aller s'établir dans un de ces petits hôtels borgnes où l'on est logé fort malproprement et encore plus tristement, mais à assez bon compte.

Heureusement pour Octave, il était trop exalté par ses pensées, trop préoccupé par ses rêves de toute nature, pour avoir le temps de reconnaître combien était repoussant son gîte actuel. A peine d'ailleurs avait-il fait porter son bagage dans sa chambre, qu'il s'empressa de sortir afin d'écrire à Ternove et de chercher ensuite à prendre langue dans le pays agité au milieu duquel il tombait.

Accomplir le premier de ces projets n'était pas chose facile. Dans la précipitation du départ, et la tête remplie de tant de choses, il n'avait pas songé à s'assurer un moyen de donner de ses nouvelles à son oncle; j'entends un moyen qui permît de soustraire ses confidences écrites à la connaissance de Bahurot, dont la délicatesse, en toutes circonstances fort émoussée, ne s'était jamais fait un scrupule d'ouvrir les lettres, soit de sa petite-fille, soit de son gendre.

Après y avoir un peu rêvé, Octave se résolut à adresser un petit billet à Gérard par l'entremise d'un jeune fermier qui, jadis camarade de jeu du jeune homme, lui avait, pendant sa maladie, témoigné de l'attachement. Le billet, d'ailleurs, ne contenait rien que tout le monde ne sût déjà, et ne pouvait compromettre bien grandement Gérard, si par hasard le meunier venait à en avoir connaissance : le neveu se contentait d'annoncer son arrivée à Paris, et de demander si le moyen de correspondre employé en cette circonstance se pouvait continuer. Il terminait par quelques phrases à l'adresse de Marguerite, phrases qui peignaient sa ferme résolution de ne jamais renoncer à ses espérances.

La lettre expédiée, Octave ne voulut plus songer qu'aux intérêts de sa situation.

Lassé d'avoir servi dix ans pour arracher une sous-lieutenance, aucun autre espoir ne lui restait que de se jeter en enfant perdu dans les événements, et de chercher à en tirer profit. Or, même pour aller en enfant perdu, il est nécessaire de commencer par un bout, d'enfiler un chemin ; il ne savait lequel prendre. Il se décida pour une visite au ministère de la guerre, et, comme on va le voir, il fut bien inspiré.

Arrivé dans le temple des honneurs militaires, il se dirigea vers les bureaux de son arme, et y entra sous un de ces prétextes dont ne manquent jamais les officiers. Sa position était du reste fort régulière ; il était en congé, et, partant, il n'avait pas à répondre, du moins immédiatement, quant à son absence de son corps, bien qu'*in petto* il fût très-résolu à ne pas la faire cesser.

Ce fut donc une attaque à sa pensée secrète, lorsque, s'étant approché d'un groupe de personnes qui s'entretenaient des rapides progrès de l'empereur, il fut interpellé par un des génies familiers du lieu qui lui demanda pourquoi il ne rejoignait pas son régiment.

— Par une raison simple, répondit Octave : il est en garnison dans le Midi et s'est rallié à Bonaparte.

— Vous deviez suivre votre drapeau, monsieur, lui repartit son interlocuteur.

Là-dessus une contestation s'éleva, et Octave s'aperçut qu'il n'avait pas affaire à des royalistes. Il en fut surpris, pensant que tout employé du gouvernement doit être assez discret pour ne jamais montrer que du zèle pour qui le paie. Cependant, malgré l'étonnement, il se défendit avec vigueur ; une des personnes présentes lui imposa silence en lui jetant à la figure ces mots sacramentels dans la langue de l'époque impériale :

— Je suis général de brigade, monsieur !

Octave tourna sur ses talons et sortit du bureau, maugréant comme un possédé.

Cette école, cette maladresse, l'avait mis de plus mauvaise humeur sans doute que la trahison dont il croyait la cause royale menacée ; mais, comme on fait toujours en pareil cas, il exhala son mécontentement de la façon qui lui présentait la base la plus large, et se mettant en frais de fidélité furibonde :

— Il faut, s'écria-t-il dans le couloir, que ces scélérats de bonapartistes se croient bien sûrs de leur succès pour tenir ainsi leurs sabbats jusque dans les ministères du roi ! On trahit donc partout? Des gens accablés des bontés des Bourbons ! qui, au retour du roi, auraient dû être mis hors de tous les emplois, et qui ne reconnaissent tant de magnanimité, tant de grandeur d'âme qu'en trahissant leurs maîtres !... C'est une infamie ! c'est la plus grande des infamies !

— Bravo ! jeune homme, dit tout à coup une voix aigrelette à côté d'Octave : vous prenez les choses comme il faut les prendre ! Vous avez de l'honneur, monsieur !

Octave se retourna vivement, l'humeur encore peinte sur le visage, et vit à deux pas derrière lui un petit vieillard dont il n'est pas inutile de décrire la personne, attendu que les traits se formant à coup sûr d'après les habitudes des pensées, il est hors de doute que les républicains, comme les absolutistes, comme les amis de la liberté constitutionnelle, ont tous, dans leurs catégories respectives, certains linéaments et généralement l'expression du visage à peu près semblables. Le portrait de la personne rencontrée par le héros de ce livre, en mars 1815, dans les couloirs du ministère de la guerre, mérite donc d'attirer l'attention au même titre qu'un portrait historique.

C'était un vieux monsieur, de cinquante-cinq à soixante ans, d'une taille moyenne et jetée un peu de côté, de telle sorte que, sans être précisément bossu, il n'était pas parfaitement droit. Il avait les jambes grêles, et comme j'ai déjà fait cette remarque physiologique à l'égard de M. Gérard de Ternove, je me crois autorisé à poser en principe que lorsque la noblesse de France n'a pas cette partie du corps parfaitement proportionnée, elle l'a fort maigre; je pourrais, s'il en était besoin, appuyer mon opinion sur une foule d'exemples qui ne laisseraient place à aucune réplique. Mon gentilhomme avait donc les jambes maigres et boitait, mais très-légèrement. Sa figure basanée et sillonnée de rides nombreuses portait une expression de bon goût exquis et de bonté sans pareille; les tempes étaient dégarnies, et le front, bien qu'un peu fuyant en arrière, ce qui n'indique pas, dit-on, une grande portée dans l'intelligence, possédait ce caractère dont les physionomistes concluent des dispositions naturelles à l'exaltation, le nez également incliné vers le bas du visage.

Ce vieillard était revêtu d'un uniforme bleu galonné d'or. Octave, absent de Paris depuis la restauration, ignorait que ce fût l'habit des gardes de la porte. Du reste, en voyant à son approbateur les épaulettes de colonel, le sous-lieutenant salua.

— Vous venez, monsieur, continua le vieux gentilhomme, d'entendre quelque conversation telle qu'il s'en tient, en ce lieu-ci, très-ouvertement depuis deux jours.

— Hélas! mon colonel, répondit hypocritement Octave, il n'est pas étonnant qu'on soit attristé à la vue d'une perversité si grande.

— Nous sommes trahis et volés comme dans un

bois, reprit le colonel. Le roi n'est entouré que de lâches ou de traîtres! Mais vous, comme je vois, vous ne suivez pas l'entraînement? Vous ne songez pas encore à courir au-devant de Bonaparte?

— Au contraire, mon colonel, je déserte! répondit Octave en riant; car mon régiment est dans le Midi, et je suis ici depuis ce matin.

— Cependant vous avez été, à en juger par votre jeune moustache, élevé dans des idées qui ont dû vous éloigner de nous? Y aurait-il de l'indiscrétion... voudrez-vous bien pardonner à mon âge, si je pousse la curiosité jusqu'à vous demander votre nom?

— Ah! mon Dieu, mon colonel, rien de plus simple! Je m'appelle Octave de Ternove, et je suis sous-lieutenant au 18e chasseurs à cheval.

— Ternove... Ternove... attendez donc, marmotta le colonel en mettant son doigt sur son front. C'est une famille de Champagne...

— En effet, mon colonel.

— C'est cela, Ternove! Vous avez eu une grand'tante qui a épousé un des messieurs de Barsoucy, qui tiennent par les femmes aux anciens vidames de... dont la descendante, actuellement vivante, est madame de... Ma foi, monsieur, je vous fais mon compliment! Votre famille n'a pas à rougir de vous d'après le peu que j'ai vu, et vous me permettrez de vous toucher la main.

Octave s'empressa de se rendre à cette marque de déférence donnée avec la cordialité la plus franche.

— Mon oncle, reprit-il pour achever la conquête de son nouvel ami, est M. Gérard de Ternove, qui a servi dans le régiment de Champagne, avec le grade de capitaine.

— C'est un honneur pour vous, répondit le colonel.

— Mon père et ma mère, continua Octave, ont été exécutés en 93.

— Pauvre jeune homme! dit le vieillard en serrant la main qu'il tenait encore et en accompagnant ce geste du regard le plus sympathique. Enfin, monsieur de Ternove, puisque j'ai eu le bonheur de vous rencontrer, je prétends que notre connaissance n'en reste pas là. Je suis le baron de Marvejols, colonel et lieutenant dans les gardes de la porte; je demeure rue d'Anjou-Saint-Honoré, et si vous n'avez rien de mieux à faire aujourd'hui, ce qui peut arriver à un sous-lieutenant, vous viendrez manger ma soupe à cinq heures.

Octave se confondit en remercîments et promit d'être fidèle au rendez-vous. Tandis que l'appréciateur enthousiaste de sa fidélité s'éloignait d'un pas irrégulier, mais non dénué de dignité, il lui prit, à lui, comme un transport de joie à l'idée que, dès ses premiers pas, il s'était fait un protecteur assez puissant, selon toutes les apparences, pour le servir, et préparé déjà merveilleusement à y être amené. Il connaissait assez la vie pour savoir combien ces bons hasards sont rares, et il se jura que si une occasion aussi excellente lui était donnée, la fortune n'aurait pas à se plaindre de sa négligence à en tirer profit.

Pendant qu'il chemine vers les Tuileries pour y tuer le temps jusqu'à l'heure du dîner, nous pouvons, nous, suivre le lieutenant des gardes de

la porte , afin de nous expliquer bien complètement le caractère , la nature , les dispositions de
cet officier, et, partant, la portée des espérances
que notre héros a pu bâtir sur sa naissante
amitié.

M. le baron de Marvejols est un gentilhomme du
Rouergue. On sait que dans cette petite province
la noblesse est ancienne, et, chose rare en France,
véritable miracle héraldique , a échappé généralement aux mésalliances qui ,aux yeux de l'aristo-
cratie germanique, entachent nos plus grandes fa-
milles. Aussi le Rouergue avait-il, avant 89, le privi-
lége presque exclusif de peupler les chapitres français. M. de Marvejols appartient à une de ces races
essentiellement pures , comme presque tous les
hommes de sa condition dans sa province ; il vint
au monde avec la perspective peu gracieuse de
passer sa vie dans une très-honorable, mais très-
complète pauvreté. A la vérité, un frère aîné possédait les principaux avantages de sa maison ;
mais ce frère aîné ne pouvait lui inspirer beaucoup
d'envie, attendu qu'en vertu de l'ancien proverbe,
que là où il n'y a rien le roi perd ses droits, ce
chef de la famille ne jouissait que d'un titre à peu
près honorifique. Elevé par le curé du village dans
des sentiments de haute piété et dans une profonde
ignorance, M. de Marvejols , moitié par vocation ,
moitié par nécessité , était destiné à l'Eglise.
D'ailleurs il était contrefait et ne pouvait penser à
aucune autre carrière, grave motif pour se décider en toutes choses. Au moment où il allait entrer dans les ordres , arriva la révolution. Son
frère et lui, qui tenaient d'autant plus aux droits

de leur naissance que, vu leur pauvreté, ils les pouvaient moins exercer, crurent se devoir à eux-mêmes d'émigrer, malgré les protestations des paysans leurs voisins, décidés à les protéger contre le génie révolutionnaire. MM. de Marvejols se jugèrent indispensables à la cause royaliste; ils embrassèrent en pleurant Claude, Mathurin, Javotte et à peu près tout le pays, qui ne crut pas devoir, même à cause des titres de M. le comte et de M. le baron, oublier que depuis des siècles les Marvejols avaient vécu côte à côte avec eux en bons amis, et ils partirent pour Coblentz. Ils s'engagèrent dans l'armée des princes. Le comte eut le malheur de se faire tuer au combat de Turckheim; le baron y reçut à la jambe une blessure, et se trouva condamné à boiter le reste de ses jours. Cette infortune, jointe à sa bosse et à sa mauvaise santé native, ne l'empêcha pas, à la dissolution du corps dont il faisait partie, de s'engager dans l'armée de Condé. Là il eut l'insigne honneur de servir avec des capitaines, des colonels et même des maréchaux de camp, réduits comme lui, par un choix volontaire et par un admirable dévouement, à la situation de simples soldats.

M. de Marvejols fit les campagnes de l'armée de Condé. Lorsque ses compagnons passèrent au service de Russie, il se trouva dans dans un tel état de marasme, par suite des fatigues auxquelles sa constitution délicate n'avait pu résister, qu'il fut forcé de rester en Autriche, où il embrassa, malgré Minerve, le métier de professeur de latin. Il eut le bonheur de se trouver employé en cette qualité dans la maison d'un pauvre diable de baron allemand, juste aussi riche que lui et son frère l'étaient jadis dans leur donjon du Rouergue. Cette touchante similitude de position enflamma les deux gentilshommes d'une vive affection l'un pour l'autre; ils se découvrirent en outre un goût commun pour le jeu d'échecs, et de ce moment ils ne purent plus se séparer. Ils passaient leurs jours à prévoir la chute des jacobins, parmi lesquels, bien entendu, ils comptaient Bonaparte et ses adhérents, et vivaient aussi heureux qu'on peut l'être lorsqu'on a le couvert, la nourriture, peu d'idées, un fils unique et fort gâté à instruire tant bien que mal, et une sœur déjà sur le retour, bonne comme les anges, mais qui voudrait bien se marier.

Un jour, le baron allemand fit entendre au baron français que la dame dont il est question était éprise pour sa personne d'une sainte et pudique ardeur. M. de Marvejols avait conservé de sa première vocation une grande et presque extatique piété. Les chastes aveux transmis par le frère de sa beauté le firent rougir jusqu'aux oreilles, et le plongèrent dans un trouble inexprimable. Il n'avait point rêvé qu'il pût rien lui arriver de semblable, et jamais jeune fille, dans une pareille situation, ne sentit son cœur plus inquiet. S'il s'était abandonné à son instinct naturel, il se serait enfui peut-être dès le jour même. Mais son hôte insista si bien, que, par reconnaissance, M. de Marvejols se vit obligé de se rappeler qu'il n'avait jamais reculé d'une semelle devant les batteries républicaines, et il se sacrifia.

Son mariage une fois célébré, tout alla pour le mieux; madame de Marvejols prit en main la direction du ménage et du mari, et tout le monde fut content. Enfin 1814 arriva, et, pour la première fois de sa vie, le baron résista fortement aux supplications de son beau-frère et aux ordres de sa femme. Son patriotisme pouvant, suivant lui, se réveiller désormais sans crime, il ne voulut pas mettre le moindre retard à aller contempler son roi, de retour au Louvre. Ainsi fit-il ; il n'écouta ni remontrances ni conseils, et, usant de ses plus claires ressources, il s'achemina vers Paris avec madame la baronne. Son premier acte fut, comme bien on peut croire, d'aller se jeter aux genoux de celui qu'il se plaisait à appeler le plus grand des rois, le meilleur des maîtres, et que, moins poétiquement, l'histoire nomme Louis XVIII. Il demanda à être employé au service de son souverain, et, jouissant de la plus intacte réputation d'honneur, de loyauté, de courage, pourvu aussi d'amis influents, il réussit à ce qu'on prît peu attention à son état valétudinaire et à son encolure pacifique, et, avec le grade de colonel, il obtint une lieutenance dans les gardes de la porte, où nous le trouvons actuellement.

Qu'on nous permette d'ajouter quelques réflexions à cette petite histoire, qui est, du reste, celle d'un grand nombre d'émigrés. On a beaucoup reproché à ces pauvres gens de n'avoir pas reconnu que les temps étaient changés et que le monarque du dix-neuvième siècle ne pouvait pas être la copie parfaitement exacte de celui du dix-huitième. Il est facile de blâmer ; mais si l'on considère que les girondins, les feuillants, les brissotins, les dantoniens, les montagnards de toutes couleurs, les partisans du Directoire, ceux du consulat, ceux de l'empire, et, depuis, ceux de la restauration, se sont tous trompés, on incline beaucoup à l'indulgence envers des hommes qui avaient payé leur erreur de leur fortune, de leur bonheur et souvent de leurs membres, et qui recevaient d'un long passé et des vieilles habitudes l'ordre de ne pas tergiverser dans leurs vieilles idées.

Je conviendrai encore que M. de Marvejols, avec sa jambe trop courte, sa bosse et son grand corps usé par les fatigues de la guerre et les maladies et aussi la misère, ressemblait étonnamment à M. le marquis de Carabas, pauvre plastron des plaisanteries libérales. Mais je fais pourtant profession de le révérer grandement, malgré ses imperfections physiques et ses entêtements d'un autre âge; car c'était un de ces hommes rares qui attachent toute la valeur de la vie à exécuter fidèlemeut certains devoirs, dont le dévouement et l'abnégation sont les bases sacrées.

Quoi qu'il en soit, tel était le protecteur recruté par Octave.

CHAPITRE VII.

La journée passée par la pauvre Marguerite dans la compagnie de M. Bahurot n'avait certes pas été une joyeuse journée. Le meunier avait promené sa petite-fille de ferme en ferme, et partout il n'avait pas manqué de raconter aux paysans qu'il avait affaire à une écervelée, mais que, morbleu ! il savait comme personne maintenir l'obéissance chez lui. Il s'était fait une joie toute particulière d'humilier Marguerite, et avec cette finesse de méchanceté, apanage des natures vulgaires , il avait su choisir les railleries les plus blessantes pour la pauvre enfant. Chaque nouvel auditeur apprenait l'histoire embellie de quelque nouveau sarcasme ; c'était à toute minute une nouvelle flèche qui venait s'enfoncer dans le cœur de la pauvre fille.

Ce cœur ainsi tourmenté, torturé, éprouva plus de changements sérieux dans ce seul jour que dans les cinq à six années par lesquelles il était séparé de l'enfance. Marguerite, je l'ai dit, avait une de ces natures calmes et douces qui ne courent pas au-devant des grandes émotions, et qui même ont quelque peine à comprendre tout d'abord la possibilité et l'existence des passions. Natures célestes, olympiennes, le calme, la paix, la sérénité est leur domaine. Faites pour un monde différent du nôtre, où elles semblent tombées par hasard, elles ne savent d'abord comment on s'y prend pour souffrir ni même pour voir souffrir, et la marche naturelle du temps ne suffit qu'avec peine à leur apprendre la vie. Marguerite, jusqu'à ce jour, avait conservé autour de son cœur une enveloppe enfantine, et l'expression ardente de l'amour d'Octave n'avait même pu qu'entr'ouvrir cette écorce rebelle. Si Marguerite se fût trouvée sous la conduite d'un esprit patient et fin observateur, on peut affirmer hardiment que le sentiment trop tendre de mademoiselle de Ternove pour son cousin n'eût pas tenu longtemps contre un système d'opposition sagement dirigé.

Pâle et sans paroles, les yeux secs et baissés, émue par un tremblement léger dont ses nerfs crispés fatiguaient son corps, elle était devenue insensible aux cruautés de Bahurot. En vain son grand-père lui parlait, elle ne répondait pas, et restait absorbée dans sa douleur et le sentiment de son humiliation. Elle ne prenait pas le change sur la conduite du meunier ; elle sentait que les façons d'agir dont il usait avaient pour cause la volonté ferme de la dégager à jamais d'Octave en lui donnant bien nettement à comprendre que jamais consentement ne serait accordé à une union avec ce jeune homme. Bahurot, quoique dur naturellement, ne l'était pas d'instinct envers elle, et croyait agir avec politique en exagérant la sauvagerie de ses procédés. A un certain moment de la matinée, Bahurot triomphant était complètement battu, et pour toujours. Marguerite humiliée n'adorait pas encore tout à fait Octave ; mais elle s'était déjà juré devant la majesté de sa colère et de sa dignité odieusement insultées qu'elle épouserait ce malheureux cousin dont on voulait l'éloigner par des moyens si indignes. Octave lui apparut mille fois plus charmant, parce qu'elle le trouva mille fois plus à plaindre ; le terrible Bahurot, assis à ses côtés, fut jugé par elle dans le secret de sa conscience avec une sévérité impitoyable. En ce moment elle congédia définitivement toutes les idées démocratiques, et ce fut devant des sentiments qui eussent reçu toute l'approbation des seigneurs féodaux les plus hautains, que le meunier, possesseur du bien de ses maîtres, comparut à son insu. Avec quelle ferveur d'indignation et de haine la muette et désolée Marguerite, assise dans la carriole villageoise à côté de son indigne grand-père, repassait dans son esprit et condamnait l'une après l'autre les actions commises par Bahurot ! Depuis la spoliation de Gérard jusqu'à la scène de la veille, elle présenta impitoyablement au verdict de son imagination exaspérée tous les traits de caractère qui pouvaient le mieux justifier sa rébellion à ses propres yeux et lui donner à elle-même cette conviction si nécessaire pour tous ceux qui prennent un parti violent et combattu : l'admiration de son héroïsme. En se déclarant sa résolution d'épouser à tout prix son cousin, elle se vengeait des mauvais traitements exercés contre elle ; oui, mais en même temps elle réparait les torts faits par son grand-père à la famille qu'elle vénérait le plus, et qui d'elle était en droit de tout attendre.

Tandis que cette véritable tragédie se passait sous le jeune front de Marguerite, la carriole courait sur les chemins raboteux du pays ; assez et même trop souvent déjà, Bahurot avait arrêté son cheval devant des fermes de sa connaissance, raconté ses griefs, vanté et célébré sa fermeté et recueilli la haute approbation des vieux rustres et le gros rire bête des jeunes. Ces respectables conversations étant toujours arrosées de verres de vin, il s'ensuivit que, vers le milieu du jour, le meunier était d'une gaîté folle, et pour peu de chose il eût certainement prouvé à sa petite-fille combien son poing était aussi pesant que sa logique. Heureusement, elle ne lui répondait pas et ne prononçait pas une seule parole. Bahurot la regarda comme tout à fait domptée, et n'eut plus la moindre crainte pour l'avenir. Il ne crut pas avoir de motifs de faire mystère à Marguerite de cette conviction.

— Nous voilà sage maintenant, ma toute belle ! Nous commençons à savoir qu'on ne fait pas aisément la méchante avec grand-papa ? A la bonne heure ! Aussi bien je me fatigue de vous voiturer ainsi par monts et par vaux. Notre godelureau doit avoir décampé ; nous allons rentrer au logis, ma poulette, et vous pouvez être tranquille, j'aurai l'œil sur vous !

Marguerite ne bougea pas. Bahurot la regarda sous le nez d'un air narquois, et l'on retourna vers le manoir.

Lorsque Marguerite aperçut la bonne et vénérable maison de Ternove, avec ses vieux murs respectables couverts d'antiques espaliers, elle éprouva cette triste vision connue des amoureux seuls. Ces lieux, jadis si chers, lui apparurent sous un aspect triste et désolé. Elle aimait maintenant, la pauvre fille ! Et cette nature qui, si elle eût été heureuse, lui aurait pu révéler tant de charmants mystères de vie et d'animation, n'avait plus à lui offrir, aujourd'hui qu'elle était seule au milieu de ses persécuteurs, que de tristes et langoureux secrets. Quand son grand-père la prit par la taille et la descendit devant la terrasse, qu'elle aperçut Gérard tout seul avec Henri Marcel fumant flegmatiquement sa pipe, elle fut frappée par l'absence d'Octave et fondit en larmes.

— La petite est entêtée, dit le père Bahurot en se tournant vers l'assistance, mais nous en viendrons à bout.

Marcel posa sa pipe dans un coin du mur, vint prendre Marguerite par le bras, et l'entraîna à quelques pas des deux vieillards.

— Mademoiselle, lui dit-il d'un ton plein de douceur et de bonté, mademoiselle, ne pleurez pas ainsi. C'est moi qui suis la cause unique de votre chagrin d'aujourd'hui ; mais, soyez en sûre, jamais ami n'a usé envers un être ami d'une plus nécessaire cruauté.

— M. Marcel, répondit Marguerite, je vous connais trop bien pour vous accuser, et j'ai le cœur trop résolu pour perdre le temps en récriminations. Ce que vous avez fait aujourd'hui contre moi, vous avez cru le devoir faire dans mon intérêt. Allez ! continua-t-elle en sanglotant et en se couvrant les yeux de son mouchoir, mon ami, je ne vous accuse pas. Mais vous m'avez fait souffrir bien inutilement. Les mauvais traitements qu'on m'a prodigués auraient pu courber toute autre que moi ; ils n'ont réussi qu'à me rendre malheureuse et à me donner le droit de la résistance. Je ne suis pas une héroïne, mais j'ai de la fierté, et me soumettre lorsqu'on m'opprime, ce serait en manquer. Oui, j'aime Octave, reprit-elle avec une exaltation croissante et en attachant sur Marcel ses beaux yeux noyés de larmes ; oui, je l'aime, et je veux non-seulement m'abandonner à ce sentiment, mais stimuler mon cœur, s'il manquait de courage, par tous les conseils que peut donner l'indignation. Voyez comme on agit envers moi, envers lui ! Plutôt mourir maintenant que de l'abandonner. Et pourquoi, je vous prie, ne pas donner ma vie à Octave ? Que ferai-je en ce monde si je ne me consacre au devoir si juste, si impérieux aussi, de réparer les torts de la famille de ma mère envers le pauvre enfant ? Que suis-je, moi qui vous parle en ce moment, sinon le possesseur illégitime de son bien ? Je veux tout lui rendre ; et comme ce n'est jamais inutile, ce ne doit jamais l'être, d'avoir près de soi un cœur dévoué, il m'aura pour le chérir sans réserve, sans arrière-pensée ; oui, oui, Henri, au prix de mon bonheur même ! Que mon cousin soit ambitieux , oublieux , frivole , égoïste, s'il le faut, je brave tout, et les miens verront si j'ai du cœur, et à quoi peut réussir l'oppression !

— Ainsi , répliqua Marcel en souriant avec une légère teinte d'ironie, c'est uniquement pour faire pièce au père Bahurot que vous allez vous engloutir toute vivante dans l'infortune? Mais, ma chère demoiselle, au nom de tous les saints auxquels vous croyez, et de la simple raison que vous devriez consulter davantage, ne vous amusez pas ainsi à vous étrangler pour vous venger d'autrui ! Voulez-vous même que je parle nettement? A mon sens, la plus mauvaise façon d'agir en ce monde, c'est de faire intervenir la passion. Octave n'a nul besoin de votre amour, et si vous méprisez mes conseils, ce qui me paraît au moins probable, non-seulement vous ferez votre malheur, mais vous ferez aussi le sien. Vous prétendiez tout à l'heure qu'un cœur dévoué ne saurait jamais être inutile à l'objet de son abnégation. Inutile, non! c'est souvent le plus rude de tous les tyrans. La contrainte exercée au nom de la tendresse et des bienfaits est la plus terrible et quelquefois la plus détestable des contraintes. Elle opprime et elle humilie, parce que la résistance semble presque un acte d'ingratitude, et qu'on n'aime pas à se trouver ingrat.

— Vous plaidez contre vous-même, dit Marguerite en souriant, car une pareille tyrannie devient ainsi éternelle.

— Non ; toute tyrannie est passagère, et celle-ci, comme les autres, arrive à sa ruine complète. La passion, le plus souvent, finit par la haine. Entre vous et Octave, vous posez en ce moment les bases d'une violente animosité future et de grands torts réciproques.

Marcel prononçait sa sentence avec tant de conviction, que Marguerite en fut un instant frappée, même ébranlée ; elle réfléchit quelques secondes, et regardant fixement Marcel, elle laissa tomber ces paroles :

— J'aime Octave, et, malgré mon grand-père, malgré vous, malgré mon malheur, s'il faut que je souffre et que je meure, je lui rendrai son bien, je lui donnerai ma tendresse et je serai sa femme.

— Les gens blonds, repartit froidement Marcel, sont doués d'une puissance d'obstination bien connue ; n'en parlons plus, mademoiselle. Je vais, à mon tour, quitter votre maison, et je ne souhaite pas que mon langage, peut-être un peu trop hardi, vous laisse de mauvaises impressions contre moi. Le hasard étant d'ailleurs bien puissant dans les choses de ce monde, il est encore possible que vos résolutions aient une meilleure issue que je ne le crains. C'est ce que nous verrons. En attendant, ne me gardez pas rigueur.

Marguerite sourit. Elle quitta l'officier, et alla s'enfermer dans sa chambre pour y former en toute liberté ses plans de vengeance contre son grand-père, ses projets d'amour pour Octave, et s'y exalter la tête à plaisir. Quant à Marcel, il alla reprendre sa pipe, et enveloppé, comme Vulcain à Lemnos, d'un nuage de fumée, il se mit à parcourir les bois jusqu'à l'heure du dîner, avec un front assez soucieux et un cœur très-méditant.

C'est le bonheur des gens flegmatiques que de

réfléchir sur les singularités du cœur humain. Il est des esprits ardents qui s'adonnent aussi à cet exercice ; mais, en vérité, ils n'y entendent pas grand'chose. Ces réfléchisseurs-là ont le tort de se passionner et d'examiner les phénomènes moraux dans le but de les distinguer en deux classes : l'une qui jouit des honneurs de la louange, l'autre qui est flétrie de l'écriteau du blâme. Ceci leur plaît, cela ne leur plaît pas. Belle manière de juger ! Au contraire, les gens flegmatiques et sceptiques de l'espèce de Marcel n'approuvent ni ne blâment grandement ; ils regardent et admirent le jeu des sentiments et des instincts humains ; ils regardent, et uniquement pour voir. Quand ils ont bien regardé, leur impression s'exprime volontiers par cette phrase ou une autre du même genre : Quelle bizarre machine que l'homme !

La conversation qui venait d'avoir lieu donna plusieurs fois dans la journée à Marcel occasion de jeter au ciel cette remarque profonde. Il ne vit pas arriver sans intérêt l'heure du souper. — « Il y aura là, pensa-t-il, plus d'une curiosité psychologique. » — L'intérêt profond et sérieux qu'il prenait à Marguerite ne l'empêchait pas d'étudier sur elle comme sur toute autre, absolument comme un artiste fait servir à ses travaux les angoisses des siens et de lui-même.

En entrant dans la salle à manger, il trouva le père Bahurot assis à sa place magistrale et passant le coin de sa serviette dans la boutonnière de son habit marron. Devant lui, le vieux Gérard se tenait planté comme un piquet avec son air digne habituel. La chaise de Marguerite était inoccupée.

— Sacrebleu ! cria le meunier, où est cette petite fille ?

— Monsieur Bahurot, dit la servante d'une voix tremblante, mademoiselle est malade et demande qu'on lui envoie son souper dans sa chambre.

— Quand on est malade, on ne mange pas ; la diète est un souverain remède contre toutes les maladies.

Après cet aphorisme, Bahurot continua :

— Faites descendre mademoiselle Marguerite ; je n'entends pas qu'on se moque de moi. Allons ! péronnelle ! vous n'êtes pas encore partie ?

La grosse fille de campagne n'hésita plus. Chacun se mit à regarder fixement devant soi. Il y eut un moment de silence assez solennel qui ne fut interrompu que par cette réflexion de Gérard :

— Vous êtes un malotru, Bahurot.

Malheureusement, les réflexions de Gérard étaient comme les fusils chargés à poudre : elles ne pouvaient être suivies d'effet.

Au bout d'un instant, Bahurot se mit en fureur, et repoussant sa chaise en jurant comme un pandour, il se précipita vers la porte de l'escalier, et se mit à crier :

— Holà, Marguerite! faut-il que j'aille vous chercher ? Et vous tous, imbéciles, que faites-vous là à chuchoter sur le palier ?

Cette seconde partie de l'apostrophe s'adressait aux domestiques de la maison, qui paraissaient se consulter ensemble sur une question grave et délicate. A la vue de la face enflammée du meunier, tout le monde commença par reculer ; mais enfin un gros garçon de valet d'écurie prit courage et s'avança vers son maître :

— M. Bahurot, dit-il d'une voix humble, mademoiselle Marguerite n'a pas répondu autre chose, sinon qu'elle n'ouvrirait pas sa porte, et elle a passé par la serrure ce chiffon de papier.

Le meunier arracha le billet des mains de celui qui le lui tendait, et revint se mettre à table.

— Je m'en vais, dit-il à Marcel et à Gérard, vous montrer une drôlerie d'un nouveau genre : mademoiselle Marguerite qui fait la madame de Sévigné ! Voyons ce qu'elle nous mande :

« Mon grand-père ,

» Je vous prie de ne pas insister pour que je descende , non plus que pour m'obliger à faire à l'avenir ce qui ne me paraîtra pas juste. Rien au monde, pas même la force, ne pourrait m'y décider.

» Je suis votre respectueuse petite-fille ,

» Marguerite de Ternove. »

— Allons, allons, dit Bahurot en soufflant comme un marsouin , nous allons faire enfoncer la porte, et nous verrons ensuite.

— Vous n'enfoncerez pas la porte , père Bahurot, dit Marcel tranquillement.

— Très-bien ! jeune homme, s'écria Gérard.

— Pourquoi cela, je vous prie ?

— Parce que vous ne l'enfoncerez pas.

— Qui m'en empêchera donc, mon officier ?

— Moi.

— Vous ?

— Moi, sans doute.

— Vous vous mettrez en travers ?

— En travers, comme vous dites.

— Et je ne vous ferai pas jeter à la porte de chez moi?

— Non, père Bahurot.

— Pourquoi, s'il vous plaît, monsieur ?

— Parce qu'avec mes trente ans je suis plus vigoureux que vous, et qu'il n'est pas dans votre maisonnée un seul domestique disposé à affronter la pesanteur de mon poing pour une cause pareille !

C'était peut-être la première fois que le terrible Bahurot rencontrait de l'opposition. Il resta muet un instant; ses gros yeux tournaient dans leurs orbites, le sang s'étendit comme des nappes pourpres sur ses joues.

Il but un grand verre d'eau, et, frappant du pied, s'élança de nouveau vers l'escalier en criant:

— Jean et Pierre, arrivez ici, et toi aussi, Thomas ! Flanquez-moi la porte de Marguerite à bas, et si Marcel ose vous empêcher, souvenez-vous que je suis maître chez moi !

— Jean et Pierre, et vous Thomas, dit Marcel en s'armant d'une chaise, je vous veux à tous les trois un bien infini , mais je vous avertis que si vous touchez à cette porte, je vous fends le crâne ! Pour vous, M. Bahurot, contenez-vous, je vous en prie, et songez à votre âge.

— Allons , canailles , hurla Bahurot , à l'ouvrage !

— Dame ! répondit Pierre en se grattant la tête , m'est avis que M. Marcel est plus fort que moi.

— Et que moi aussi, dit Jean.

— Ah ! bien sûr , plus que moi , ajouta Thomas.

— Il le sera donc moins que votre maître, cria le vieux Bahurot en s'avançant vers l'officier avec tant d'emportement que celui-ci reçut en pleine poitrine un coup de poing capable de renverser tout homme moins vigoureusement constitué que lui.

Si philosophe que fût le chasseur à cheval , il était irritable ; il prit Bahurot par les deux bras , et le faisant reculer, il l'accula au mur :

— Misérable ! lui dit-il, n'était votre âge, je vous écraserais comme un scorpion !

Il n'eut pas dit ces mots qu'il fut saisi d'une profonde terreur par la révolution horrible et subite du visage du meunier : sa face devint rouge et presque bleue, ses lèvres blanches ; ses yeux s'injectèrent de sang ; l'écume couvrit sa bouche qui s'ouvrit. C'était la tête de Méduse. Marcel lâcha le vieillard qui roula par terre.

— Un médecin ! vite un médecin ! cria l'officier en se jetant sur le corps de Bahurot ; c'est une attaque d'apoplexie !

— Mademoiselle, hurla Jean dans la serrure de Marguerite, réjouissez-vous, voilà M. Bahurot qui agonise !

La porte s'ouvrit toute grande , et Marguerite parut sur le seuil , pâle , les yeux étincelants , belle et comme les anciens représentaient l'Euménide.

CHAPITRE VIII.

Voici le père Bahurot bien malade, et ce n'est pas un accident de médiocre importance dans cette histoire.

Je ne m'occuperai plus toutefois du digne meunier quant à présent ; il importe d'aller retrouver Octave. La situation de notre héros mérite autant de sympathie que celle de notre héroïne ; et d'ailleurs, nous attacher aux pas d'Octave, c'est encore penser à Marguerite, dont la destinée désormais est soumise aux directions venues de l'homme dont elle a embrassé l'amour avec tant de passion.

Ainsi donc, quittons le manoir de Ternove et le meunier se débattant contre la mort entre les bras de Marcel, et retournons aux Tuileries, où nous avons laissé le sous-lieutenant occupé à se promener dans la grande allée, en attendant l'heure d'aller dîner chez le baron de Marvejols.

Les rues de Paris présentaient ce jour-là, pour l'œil d'un observateur superficiel, à peu près le même aspect que d'ordinaire. La population était loin d'être émue au même degré que lorsqu'elle prend elle-même en main la direction de ses affaires politiques; chacun s'occupait de soi, menait son train de vie habituel, considérait des événements immenses comme ne le regardant pas, et n'y voyait occasion qu'à se livrer aux passions loquaces et inoffensives qui sont si fort et si souvent à la disposition de nos Français. La circonstance, cependant, valait la peine qu'on s'enthousiasmât : n'était-ce pas le trône impérial qui recommençait à poindre hors de la terre, et le trône royal qui menaçait de s'y enfoncer? Bien des intérêts positifs, bien des questions sérieuses se pouvaient à bon droit agiter dans ce grand débat; mais tout le monde était fatigué, et la fatigue, dans ce pays-ci, est bien au-dessus des principes, des convictions, même des intérêts. Chacun donc ne paraissait nullement disposé à s'agiter autrement que par la curiosité ardente qui fait du Parisien l'homme sceptique et pratique par excellence.

Le baron de Marvejols n'était pas de cette humeur. Le peuple par lequel s'était accompli le supplice d'un roi était, suivant lui, un peuple gangrené et maudit de Dieu; il n'y avait pas à en revenir : le sang du roi-martyr avait marqué les Français d'une tache ineffaçable, et le vieux soldat de Condé présentait, comme beaucoup d'autres royalistes de cette époque, le phénomène singulier d'un homme patriote, aimant son pays avec toute l'exaltation d'un exilé, et nourrissant en même temps pour le plus grand nombre de ses concitoyens des sentiments complets de mépris et de haine.

Octave trouva sa nouvelle connaissance absorbée dans des réflexions fort peu gaies. Lorsque le domestique eut ouvert la porte du salon et crié à haute voix le nom du sous-lieutenant, le baron s'empressa de se lever du fauteuil sur lequel il était assis, et, prenant Octave par la main, le présenta, dans toutes les formes requises, à madame la baronne de Marvejols. Octave salua, mais n'admira pas la longue taille maigre, le nez crochu, les yeux éteints et les faux cheveux de la dame teutonique. Il tourna un compliment assez convenable cependant, et accepta un siége qui lui fut présenté.

— Monsieur, s'écria le baron, nous sommes dans une situation affreuse! Malheureux roi! malheureux princes! Qu'est devenue cette France jadis citée entre toutes les nations par son amour pour ses souverains?

— On dit en effet, mon colonel, répondit Ternove, que Bonaparte approche à grands pas et que tous les généraux courent le rejoindre.

— Oui, monsieur, continua le vieil émigré, malgré leurs serments, malgré les cris de leur conscience! Où est l'honneur, monsieur, puisqu'on ne le trouve plus dans les armées françaises?

Ternove se prit à penser que si la conversation continuait longtemps sur ce ton lyrique, il n'y aurait pas moyen de passer le temps d'une manière un peu supportable ; hâtons-nous de dire qu'il se rappela aussitôt sa situation, et combien il était peu nécessaire qu'il s'amusât.

— Vous savez où en sont les affaires ici, à Paris? reprit le baron en se levant.

— Très-imparfaitement, dit Octave.

— On a voulu réunir la garde nationale ; bah ! il n'est venu presque personne ; pourtant on veut former un camp à Villejuif, et les volontaires royalistes ont l'ordre de se réunir à Vincennes. Nous nous défendrons, monsieur! s'écria l'émigré avec enthousiasme. J'aurai peut-être le bonheur, moi aussi, de mourir enfin pour mes maîtres ! Il ne faut qu'une poignée de sujets fidèles pour faire reculer l'usurpateur et ses hordes sauvages! Nous nous défendrons, vous dis-je! Avez-vous lu la proclamation qui a été répandue aujourd'hui ?

— Non, mon colonel.

— Ah! jeune homme, c'est un modèle d'éloquence et de noble énergie! On y reconnaît le langage des vrais descendants du vainqueur de Bouvines et du roi chevalier! Je vais vous montrer ce monument éternel de courage et d'énergie!

Au moment où M. de Marvejols prenait dans son secrétaire la proclamation dont il faisait tant l'éloge, on annonça le dîner.

— Offrez votre bras à madame, je vous prie, dit le baron. Nous allons lire cela après la soupe.

On se rendit dans la salle à manger.

— Avez-vous des sœurs ? demanda la baronne chemin faisant, à Octave.

— Non, madame, dit-il en tressaillant , sans

savoir pourquoi. Sa pensée s'était reportée vers Marguerite. L'amour fait de la femme qu'on aime tout pour vous ; les noms de sœur, de mère, d'amie, de reine, vous la rappellent également , et il n'est pas un seul sentiment tendre possible envers son sexe qui ne s'adresse aussi à elle.

Octave remarqua que , malgré son accent germanique , madame la baronne avait la voix très-douce et que ses yeux éteints exprimaient la bonté.

Ce que c'est qu'à propos toucher la passion !

Il se mit à table avec ce plaisir si vif d'être assis entre deux personnes bienveillantes , et le baron n'attendit pas qu'on eût mangé la soupe pour déplier la proclamation et la lire de la voix emphatique qui lui semblait convenir à la circonstance.

Cette pièce mémorable, adressée aux Parisiens, faisait dire au roi qu'il allait partager tous leurs dangers, et que plutôt que de leur laisser perdre l'inappréciable bienfait d'un gouvernement légitime, il voulait mourir au milieu d'eux. Du reste , la fidélité n'avait rien à craindre de la perfidie et de la férocité des factions.

— Quelle noblesse de langage ! Quelle élévation de pensées !

Les exclamations du baron recommencèrent.

Dans ce moment, le domestique lui remit une lettre.

— C'est l'ordre de me rendre à l'instant au château , dit le baron. Allons ! mon jeune ami , j'y cours, attendez-moi ! *Malbrouck s'en va-t-en guerre !* ajouta-t-il avec cette gaieté qui caractérise les Français de tous les âges et de toutes les opinions au moment où ils se croient en danger.

— Mais, mon colonel, s'écria Octave en se levant aussi par une inspiration subite, pourquoi n'irais-je pas avec vous ? madame me le permettra sûrement. Je suis en uniforme, et il me semble que dans un jour comme celui-ci tous les défenseurs du roi doivent accourir en foule autour de son trône.

— Noble empressement ! dit le baron en embrassant Octave. Je vous avais bien jugé dès le premier coup d'œil. Vous êtes digne de vos ancêtres ; venez, mon fils, car à dater d'aujourd'hui je veux vous considérer comme tel. Embrassez la baronne, et partons.

La cour du château présentait le spectacle du plus grand désordre. Une cohue d'officiers de tous les grades allaient et venaient ; des gardes nationaux à cheval, milice alors essentiellement royaliste ; des employés civils ; chacun protestait de son dévouement, surtout ceux qui gagnaient les guichets avec l'intention évidente de s'esquiver et de ne pas revenir.

— Attendez-moi ici, dit M. de Marvejols, et ne vous éloignez pas, afin que je puisse vous retrouver aisément. Je reviendrai vous chercher ou bien je vous ferai avertir.

Octave se promena au milieu des groupes, et fut témoin de la manière de procéder familière aux partis malheureux : chacun voyait un ennemi dans son voisin, un homme qui allait trahir. Les chefs, les généraux, on les accusait, on les honnissait; on ne respectait personne. Décidément la concorde est une déesse qui a une santé bien débile, elle ne peut vivre que dans la douce atmosphère de tous les contentements.

Le temps se passait, et Octave craignait déjà de ne pas voir revenir le baron. Non-seulement la nuit était arrivée, mais encore elle était profonde, et huit heures venaient de sonner à l'horloge du château, lorsque Octave s'entendit appeler; il se retourna, et aperçut M. de Marvejols, fort pâle, suivi d'un officier général.

— Voici le jeune homme dont je vous parlais, marquis, dit l'émigré.

— Monsieur, notre ami de Marvejols pense qu'il vous serait agréable de faire la campagne avec nous, et, sur sa recommandation, je suis tout prêt à vous prendre pour aide de camp.

— Merci, mon général, dit Octave en s'inclinant et les yeux brillants de joie; je me mets à vos ordres, et n'oublierai jamais les bontés de mon excellent protecteur.

— Vous êtes mon fils, dit le vieillard. Maintenant je vous quitte et vais reprendre mon service.

— Allez faire vos préparatifs pour me suivre quand il le faudra; soyez ici dans une heure. Je vous donnerai un de mes chevaux.

— Oui, mon général, répondit Octave.

Il fendit la presse avec un bonheur dont on ne saurait donner l'idée. Il courut à son hôtel, franchit l'escalier, entra dans sa chambre, bouleversa son tiroir, fit rapidement son porte-manteau, mit dans ses poches le peu d'argent qu'il possédait, et revint aux Tuileries demander son général. Il s'attendait à marcher le soir même contre les forces impériales. Son imagination était excitée, exaltée; il était tout hors de lui.

Déjà chacun montait à cheval; son général vint d'un air affairé lui dire d'en faire autant, et lui montra un domestique en livrée qui avait amené les montures.

— Maintenant, mon général, quels sont vos ordres? dit Octave.

— Attendre, répondit d'un air soucieux le marquis de Pourcien.

Dans les grandes affaires, la majeure partie du temps se passe à se quereller; il y a encore beaucoup de temps employé à voir venir, et fort peu de minutes appartiennent à ce qui donne son nom au tout.

Enfin, à onze heures du soir, M. le comte d'Artois parut avec sa suite. Dans le groupe était le marquis de Pourcien; Octave alla se mettre auprès de lui. Il se trouva à côté d'un petit jeune homme d'assez bonne mine et qui pouvait bien avoir vingt ans. Celui-ci lui dit:

— La nuit commence par être froide, mais elle va finir par être chaude.

— Oui, je crois que nous aurons affaire à forte partie.

— Bah! répondit le petit jeune homme, cela vaudra toujours mieux que de ne rien faire.

On se mit en route; il était nuit close.

Au bout de quelque temps, Octave demanda à son jeune compagnon :

— Où sommes-nous ?

Il n'était pas très-savant sur la topographie de Paris.

— Nous entrons dans les Champs-Elysées.

Le long des avenues étaient rangés, par masses sombres, différents corps, tels que les mousquetaires gris et noirs, les gardes du corps, les grenadiers à cheval, les gardes de la porte et les Cent-Suisses. On voyait, à la lueur des réverbères et de quelques torches, briller les broderies des uniformes. A cause des ténèbres, Octave eut grand'peine à se maintenir quelque temps dans le groupe qui entourait les princes. Bientôt il perdit du terrain et renonça tout à fait à ce qui lui parut impossible. Chacun se pressait, se poussait ; c'était une ardeur sans pareille.

— Voici la porte Maillot, dit le petit jeune homme à Octave.

La nuit fut déplorable; on entendait plus de hurlements et de gémissements que de cris d'enthousiasme. Octave sentait bien qu'il était au milieu d'une cohue, mais il ne savait pas si tous les corps de la maison du roi suivaient, s'il avaient été ralliés par quelques régiments, enfin si l'armée que l'on conduisait contre l'usurpateur était bien en état de livrer bataille.

Le jour parut; un jour d'hiver, sombre, froid. Le sous-lieutenant était mouillé jusqu'aux os, grelottant, couvert de boue, monté sur un cheval éreinté. A peine put-on commencer à distinguer autour de soi ce qui se passait, que chacun fut consterné du spectacle. La colonne s'avançait comme une immense bande de bohémiens : officiers, soldats, cavaliers, fantassins, tout marchait pêle-mêle, sans aucun ordre. Les uns, dans des tumultes nocturnes, avaient perdu leurs casques ou leurs chapeaux ; les autres, plus malheureux encore, marchaient à pied, faute de leurs chevaux restés en route.

— Ah çà, demanda Octave tout haut à ses voisins, est-ce que nous allons nous battre dans cet équipage-là ?

— Nous battre ? ah ! vraiment il s'agit bien de se battre ! cria une voix rude à quelques pas de lui. Nous fuyons comme des coquins ! Nous sommes vendus comme des sots, et nous serons égorgés tous comme des moutons.

Un cri général d'indignation et de rage parcourut toute la colonne. Ce fut un concert de blasphèmes, de hurlements, de cris de vengeance contre les hommes qui trahissaient le roi et ses fidèles. On parlait de massacrer tels et tels qui en ce moment étaient auprès des princes et dont on disait des horreurs.

Enfin, à force de marcher, il devint impossible d'avancer ; à l'indignation et à la colère s'était joint l'excès de la fatigue, et l'armée royale n'était pas très-loin d'un complet état de démoralisation. On s'arrêta à Noailles, à treize lieues de Paris, à trois de Beauvais. Les généraux eurent quelque peine à placer des grand'gardes ; personne ne voulait faire œuvre militaire ; on ne songeait qu'à jurer, à se plaindre, à manger et à dormir. Enfin, tant bien que mal, quelques postes furent établis autour du village, et quant au reste, chacun fut abandonné à soi-même et confié à ses propres ressources en argent, en adresse et en activité.

Octave se joignit à un garde du corps et à deux mousquetaires démontés pour chercher un déjeuner. Les paysans de Noailles, fort épouvantés de l'invasion, cachaient aussi bien que possible ce qu'ils avaient de provende. Il fallut toute l'éloquence des menaces les plus affreuses, aidée de la vue des pièces de cent sous, pour obtenir d'eux quelque chose.

Octave avait sur beaucoup de ses compagnons le grand avantage d'avoir déjà fait la guerre, et, en outre, il était en âge d'en supporter la fatigue ; aussi abrégea-t-il son déjeuner le plus qu'il put, non pas pour aller dormir et se douloir comme les autres, mais pour chercher à retrouver son général et pour apprendre quelque nouvelle.

Dans les rues encombrées d'officiers de tous grades, je dis officiers, car, à l'exception des Cent-Suisses, des volontaires et des grenadiers à cheval, il n'y avait pas, à proprement parler, de soldats, il était assez difficile de rencontrer quelqu'un de connaissance, lorsque, comme Octave, on ne connaissait que deux personnes. Cependant le hasard servit notre héros : il avait à peine fait vingt pas dans la foule et distribué une douzaine de coups de coude à droite et à gauche pour se frayer passage, qu'il se trouva nez à nez avec le baron de Marvejols.

— Ah ! mon colonel, s'écria-t-il, quelle situation !

— Elle est affreuse, en vérité, dit l'ancien émigré d'un ton pénétré; tirons-nous de côté , et je vous dirai des choses qui sont bien faites pour nous désoler tous.

—Mais pourquoi, demanda Octave, n'a-t-on pas au moins essayé de résister dans Paris ? Pourquoi cette fuite, cette déroute après tant de magnifiques promesses de ne pas reculer?

Le baron rougit comme un amant qui ne sait comment s'y prendre pour cacher ou pallier un défaut de sa maîtresse.

— Le roi et les princes ont été mal conseillés, dit-il en balbutiant. C'était d'ailleurs une folie que d'exposer le sang de nos souverains aux horribles projets des jacobins et des bonapartistes. Le courage bouillant de Mgr. le duc de Berry , l'ardeur chevaleresque de Monsieur , souffrent en ce moment plus que vous ne pouvez croire, et leurs serviteurs ont mille peines à empêcher ces valeureux princes de retourner sur leurs pas. Monsieur surtout a dit ce matin deux ou trois de ces mots où se peint l'âme d'Henri IV.

— Bref, nous fuyons, reprit Octave. Où est le roi ?

— Le roi était parti deux heures avant nous, et il a dû se diriger sur Lille.

— Pourquoi faire ?

— Pour faire ce qu'il pourra : établir dans cette ville fidèle le centre de la résistance, appeler à lui tous les bons Français , et faire flotter fièrement l'étendard des lis sur notre extrême frontière. Quant à nous , nous allons rejoindre S. M., mais je ne sais pas si nous pourrons arriver jusqu'à elle. Nous sommes bien malheureux, mon enfant !

— Qu'arrive-t-il donc encore ? demanda Octave avec une profonde curiosité.

— Je vais vous le dire à l'oreille, et vous ne le répéterez pas. Cette nuit, deux ou trois de nos généraux ont envoyé leurs aides de camp à Paris pour donner des détails précis sur notre triste situation et faire à Bonaparte leurs excuses et leurs offres de service. Je ne vous nommerai pas ces hommes qui se déshonorent. Et ce n'est pas tout encore, nous sommes poursuivis !

— Poursuivis ?... alors nous sommes pris.

—Le général Excelmans s'est mis, dit-on, à nos trousses avec une division de cavalerie légère, et en face de nous, Beauvais est plein de troupes qui ont déjà passé à l'ennemi. Pouvez-vous penser sans frémir à ce que vont devenir nos princes ?

— Cette idée, en effet, est terrible à concevoir, dit Octave véritablement frappé du péril de la situation.

— Enfin, mon ami, poursuivit le baron, nous sommes entre les mains de Dieu ; tout ce que nous souffrons aujourd'hui est le juste châtiment des fautes de nos aïeux et des scandales qu'ils ont donnés au monde. Plaise au père de toute miséricorde de ne pas nous punir dans la personne des fils de saint Louis ! ce serait la ruine éternelle de notre pauvre France. Allons, mon enfant, laissez-moi rejoindre nos malheureux princes, et quoi qu'il puisse arriver, faisons notre devoir jusqu'au bout.

— Voilà, se dit Octave quand il se trouva seul, qui tourne singulièrement au lugubre ; si j'avais pu deviner d'avance que les princes ne se défendraient pas davantage, j'aurais été archifou de me joindre à eux , moi qui ne leur devais rien. Si le général Excelmans nous poursuit et nous attrape, on me fera peut-être un mauvais parti... Bah ! qu'on me fusille si l'on veut ; je ne tiens pas tant à la vie.

A ce moment de la tirade, l'image de Marguerite vint se présenter à Octave, et force lui fut de penser à autre chose pour n'être pas contraint de se donner à lui-même, sur l'heure même, un démenti formel.

Il n'en était pas moins certain que sa spéculation ambitieuse ne s'annonçait pas d'une manière très-favorable, et que la perspective d'être jugé quelque jour par un conseil de guerre impérial comme déserteur, ne pouvait flatter ses espérances. Pourtant reculer n'était plus possible.

Après quelques ordres et des contre-ordres, la nuit se passa à Noailles. Le lendemain on se mit en marche et l'on traversa Beauvais , où l'on ne trouva pas même un corps de garde. Plus on avançait, plus on perdait de chevaux, et, partant, plus la fatigue était grande et plus le désordre devait monstrueux. Il n'y avait qu'un seul corps dont on pût encore tirer parti : c'était les grenadiers à cheval. Anciens soldats de la garde impériale, ces braves gens marchaient résolûment au milieu de la débandade générale, ne se laissaient pas gagner au découragement , et jetaient sur les vieillards et sur les enfants qui les entouraient ce regard de protection que la force accorde à la faiblesse.

Après une halte à Grandvilliers, affreux village de Picardie, on reprit la triste route, qu'à chaque instant on jonchait de chevaux morts et des gens épuisés. Les grenadiers à cheval allaient devant.

Tout à coup le bruit se répand que le général Excelmans, avec sa cavalerie légère, est sur le point d'attaquer l'arrière-garde composée des volontaires royalistes et des Cent-Suisses. Puis, au moment où chacun se questionnait avec inquiétude, la colonne s'arrête dans un défilé qui, dit-on, aboutit à la Somme, et l'ordre est répété de proche en proche de sangler les chevaux et de former tant bien que mal les pelotons. Alors Octave voit passer dans des chariots la pauvre petite infanterie, qui s'en va gagner la tête de la colonne.

— Nous sommes perdus, disaient les soldats, voilà qu'on nous attaque par derrière, et qu'en avant les currassiers d'Abbeville vont nous disputer le passage de la Somme.

— C'est évident! se dit Octave, nous voici arrivés au moment critique!

CHAPITRE IX.

Octave complètement maître de sa personne, puisqu'il ne savait où retrouver son général, et que nul ne s'occupait de lui, s'empressa de gagner la tête de la colonne, où il se mêla au groupe de l'état-major. Là, il vit le maréchal M... et nombre de généraux accoutumés à la guerre, que les princes interrogeaient avec anxiété.

Le tableau déroulé par le paysage n'avait rien de bien imposant. Une imagination instruite ou prévenue pouvait seule y découvrir des dangers. Au pied du mamelon où s'étaient postés les chefs de l'armée royale coulait la Somme, traversée par un pont ; au delà, sur la côte, tournaient paisiblement des moulins ; plus loin, au pied d'un coteau, un village se montrait longeant la grande route, et tout dans le fond on découvrait Abbeville. Ainsi ce n'était pas un danger bien évident qui arrêtait l'armée et faisait prendre des dispositions militaires aussi rapides. Octave ouvrait de grands yeux et ne voyait rien; cependant en présence de tant d'officiers distingués, et même consommés dans leur art, le sous-lieutenant des chasseurs se gardait d'ouvrir la bouche pour critiquer; il ne put cependant se tenir de l'ouvrir pour interroger.

— Mon commandant, dit-il à un officier d'état-major qui observait gravement à travers une lunette, où sont donc les cuirassiers d'Abbeville?

— Tenez, là! lui répondit le chef d'escadron en lui passant la lunette.

Et Octave vit en effet à l'horizon de longues lignes noires rangées régulièrement.

— Ce sont des cuirassiers? demanda-t-il humblement.

— Oui, lui répondit péremptoirement son interlocuteur, et ils sont appuyés, s'il faut en croire le rapport des paysans, par une levée en masse des habitants du pays. Du reste, vous pouvez voir que les remparts d'Abbeville sont couverts de troupes. Il faut pourtant forcer le passage de la Somme et l'entrée de la ville, sans quoi nous sommes pris par le général Excelmans, ce qui serait plus triste que tout le reste.

Octave ne dit plus rien, et, dans la confusion qui régnait, s'approcha des princes. Mgr le duc de Berry frappait du pied, se promenait avec agitation, interrogeait tout le monde et se désespérait. Monsieur se résignait et ne parlait pas.

Soudain des officiers d'ordonnance furent mandés par les généraux ; ils partirent avec des ordres, et au bout de quelques instants toute l'armée était de nouveau en mouvement. Octave avait décidément perdu son chef et s'en mettait peu en peine. Il vit, de la hauteur sur laquelle il était resté, les grenadiers à cheval et toute la cavalerie de la maison du roi se diriger vers le pont, tandis que les gardes de la porte, les Cent-Suisses et les volontaires royalistes garnissaient les coteaux à l'entrée du défilé. On voulait que la cavalerie du gégéral Excelmans pût trouver, lorsqu'elle paraîtrait, quelque résistance, afin de donner le temps à l'avant-garde d'en finir avec les cuirassiers et la levée en masse des paysans.

Voyant que chacun se disposait à combattre, Octave poussa son cheval, gagna les devants, et vint se placer auprès des grenadiers. Au moment même où il arrivait, le front de tous ces vieux soldats se déridait, et un gros rire parcourait les rangs.

— Ils sont jolis, les cuirassiers ! s'écriait-on partout.

La gaîté gagna les officiers, et ce fut une unanimité de sarcasmes et d'injures contre les généraux, que l'on n'avait pas, il faut l'avouer, laissé manquer de cette marque d'attention depuis le départ de Paris.

Faut-il dire ce qui changeait si subitement l'humeur de tous ? c'est presque incroyable, et c'est cependant vrai. Devant les préoccupations de l'esprit, il n'est sens si droit, et raison si ferme, ou expérience si mûre qui tienne. Tous ces vieux compagnons de Napoléon, qui devaient posséder un regard exercé, avaient eu les yeux troublés par leurs hésitations intérieures. Ce qu'ils déclaraient gravement être des cuirassiers en ligne et des corps de paysans insurgés, c'était tout uniment des amas de fumier artistement disposés pour les besoins de l'agriculture.

Cet épisode grotesque ramena un peu de gaîté dans l'armée, et d'autant plus qu'on ne vit point paraître les éclaireurs si souvent annoncés du général Excelmans, et que les habitants d'Abbeville, bien loin de fermer leurs portes, attendaient les princes avec impatience, et venaient au-devant d'eux en leur offrant tous les secours que la circonstance requérait.

Octave, qui se proposait tout bonnement d'aller demander asile dans la première maison venue, se vit arrêté par un vieux monsieur largement poudré à frimas, et entouré déjà de cinq ou six officiers.

— Je compte, dit cet honnête homme à notre héros, que vous voudrez bien, monsieur, m'accorder l'honneur de vous offrir l'hospitalité. J'ai servi notre sainte cause, moi aussi, dans ma jeunesse ; je ne suis malheureusement plus bon qu'à héberger ses défenseurs ; vous ne me refuserez pas, de grâce !

— Voilà, se dit Octave, le pendant exact de mon vieux Marvejols ; profitons de ce précieux dévouement.

Et il se laissa emmener, et il se laissa conduire dans un bon salon bien clos et bien chauffé, où, avec ses camarades, il fut dorloté toute la soirée par cinq ou six vénérables dames, ennemies furieuses de l'usurpateur et des jacobins, qui prodiguèrent à ces messieurs tous ces soins inconnus aux malheureux qui ne sont ni prêtres dans la vie ordinaire ni soldats dans un moment de guerre civile. Après un dîner où l'on but avec tous les vins possibles à la santé de tous les Bourbons imaginables, les héros français furent respectueusement conduits dans des chambres confortables, où tous, s'ils imitèrent Octave, jouirent pieusement et complétement des douceurs du sommeil.

Le lendemain matin, les tambours et les trompettes réveillèrent les bourgeois et leurs hôtes. Ces derniers étaient un peu plus calmes que la veille. On criait moins, on s'occupait plus sérieusement des moyens de se tirer de peine, et chacun était d'avis que, puisqu'on marchait sur Lille pour y rejoindre le roi, le moins était d'arriver auprès du souverain dans un état respectable et de manière à pouvoir encore être bon à quelque service.

Octave trouva le baron enchanté de l'esprit de l'armée.

— Voilà, lui dit cet excellent homme, nos braves qui reprennent du cœur ! Ah ! vraiment, il faut aussi en convenir, les généraux ont enfin pris leur devoir au sérieux, et vous allez voir merveille. Je vous conseille beaucoup de venir avec moi et de marcher désormais à côté des gardes de la porte.

— C'est très-bien ce que vous me proposez-là, dit Octave en riant; mais est-ce que je suis condamné à ne pas retrouver mon général ? Ai-je un général invisible, et un général marquis de Pourcien se peut-il perdre pendant une retraite comme une aiguille dans un gazon ?

— Votre général, mon cher ami, dit le baron en clignant de l'œil, a jugé à propos d'être pris d'un mal d'estomac qui l'a forcé de s'arrêter dès Saint-Denis.

— A la bonne heure ! Je conçois maintenant que je n'aie pu remettre la main sur lui.

— Il paraît, à ce que m'ont dit deux ou trois personnes, qu'il ne nous avait suivis jusque là que pour pouvoir donner des avis plus exacts à son Corse. Je pense maintenant qu'il ne vous reste plus de raisons de ne pas me tenir compagnie ?

— Je suis tout à vous, mon colonel, et bien enchanté, je vous assure.

Ce disant, le baron et Octave allèrent retrouver les gardes de la porte.

Il arriva dans ce moment un aide de camp du maréchal M..., chargé des instructions élaborées pendant la nuit par le conseil des princes. Enfin on allait marcher comme une armée civilisée, ce qui n'avait pas eu lieu depuis le départ des Champs-Élysées. Octave, chevauchant à côté du vieux colonel de Marvejols, vit défiler devant lui les gardes du corps et les mousquetaires démontés, dont on avait fait des pelotons d'infanterie, et s'aperçut avec quelque plaisir, eu égard aux événements qui pouvaient encore arriver, que l'on était à peu près en état de faire une résistance honorable.

Le lendemain, on arriva à Béthune vers le milieu du jour, et l'on se décida à y séjourner. La ville est petite ; il n'y avait pas moyen d'y placer tout le monde. Un escadron de grenadiers à cheval et plusieurs mousquetaires s'empressèrent de gagner le faubourg en avant de la place. Par un hasard, Octave et Marvejols se trouvèrent avoir suivi ces braves gens.

— Ma foi, dit Octave, mon colonel, puisque nous voilà ici, restons-y, nous y serons mieux qu'ailleurs.

— Volontiers, répondit le baron.

Les deux officiers mirent pied à terre, et firent entrer leurs chevaux dans une écurie où s'étaient déjà installés plusieurs soldats.

Soudain un bruit épouvantable, des cris, des coups de feu retentissent au dehors, et un sous-lieutenant de grenadiers, la figure renversée, se précipite dans l'écurie et saute sur un cheval dessanglé.

— Qu'y a-t-il ? qu'y a-t-il ? lui crie-t-on.

— Les grenadiers de la garde impériale et les lanciers ! Nous sommes pris ! peut-être est-il encore temps de sauver les princes !

Et, ce disant, l'officier sortit de l'écurie, cramponné à son cheval et partit à fond de train du côté de la ville.

— Bon, dit Octave aux grenadiers, est-ce que nous allons nous laisser enlever comme des blancs-becs ?

— Ce n'est pas mon avis, grommela un vieux brigadier. Mon lieutenant, mettez-vous derrière la porte, vos pistolets à la main, et brûlez la moustache au premier qui voudra entrer. Pendant ce temps, nous allons seller nos chevaux et les vôtres, et si les camarades qui sont dans Béthune viennent nous dégager, nous pousserons en avant. Qu'en pensez-vous?

— C'est à merveille, répondit Octave en armant ses pistolets.

Il avait déjà, pendant la harangue du soldat, verrouillé la misérable porte de l'écurie aussi bien que faire se pouvait, ce qui ne l'empêchait pas de voir passer rapidement des lanciers qui allaient criant : Rendez-vous ! rendez-vous !

— Rendez-vous, rendez-vous ! disait le brigadier ; nos anciens camarades vont vite en besogne ; m'est avis qu'ils vont trop vite, car j'entends un bruit qui va les faire changer de gamme.

En effet, le galop retentissait du côté de Béthune, et bientôt deux mille chevaux de la maison du roi entrèrent dans le faubourg en jetant de grands cris; au moment où les premiers rangs passèrent devant l'écurie, Octave et Marvejols se jetèrent sur leurs montures, un soldat ouvrit la porte et les assiégés de tout à l'heure rallièrent bravement leurs libérateurs.

Tout le monde en faisait autant, et la foule aussi accourut de Béthune pour prendre part à la bataille, si bataille devait avoir lieu; mais il n'y eut rien de semblable. Les cavaliers de la garde impériale, se voyant si vigoureusement reçus, sortirent du faubourg et allèrent fièrement se ranger à quelque distance. Ils étaient cinq cents environ et avaient la meilleure mine qu'une troupe puisse avoir.

Octave, qui avait rejoint le corps auquel il était censé appartenir, vit de loin M. le duc de Berry parler avec beaucoup de vivacité au chef d'escadron aventureux auteur de tant de désordre. Au bout d'un instant de conversation qui parut fort animée de la part du prince et respectueuse du côté de l'officier bonapartiste, les lanciers commencèrent à défiler, et Octave ne put s'empêcher de sourire, ainsi que bien d'autres, en entendant partir de leurs rangs les cris de *vive l'empereur! vive le roi! vive Mgr. le duc de Berry!*

— Ces gaillards-là, se dit Ternove, ont le génie de la politique.

Il ralliait, et cependant ces cervelles mal instruites concevaient, au fond, les choses absolument comme lui.

On rentra dans Béthune, on remit les chevaux à l'écurie, on se désarma, on fut généralement de très-bonne humeur, on chercha partout de quoi boire. Dans la soirée, Octave se heurta contre un mousquetaire qui était parfaitement hors d'etat de distinguer un homme d'une muraille, et qui chantait *vive Henri IV!* avec fureur.

Il reconnut le petit homme avec lequel il avait lié conversation dans la nuit du départ. L'autre le reconnut également.

—Tiens! c'est le lieutenant! Bonsoir, lieutenant!

— Il me semble, mon officier, répondit Octave, que vous menez bien l'existence?

— Mon cher ami, repartit le petit jeune homme en se tenant au mur, s'il ne dépendait que de moi, je passerais ma vie entière en déroute. Je ne me suis jamais tant amusé que depuis quatre jours!

— Je crois que tout le monde ici ne pense pas

comme vous. Du reste, jouissez bien de votre reste, car nous allons arriver à Lille, et là tout va changer ; vous allez retrouver la caserne et la discipline.

— Tu n'y entends rien, lieutenant, dit le mousquetaire en roulant les yeux avec expression; nous n'irons pas à Lille ; je viens d'entendre mon oncle qui pleure comme une Madeleine ! Il paraît que tout va de mal en pis, mon cher enfant ! *Vive Henri IV !*

Et le mousquetaire se remit à chanter.

— Il a raison, dit un chevau-léger qui s'approcha, nous sommes dans la plus vilaine passe où nous nous soyons encore trouvés depuis notre départ.

— Bah !

— Le roi a été repoussé de Lille ; bref, il en est parti, et vous comprenez qu'à présent on ne parle plus d'aller le rejoindre. En attendant que nos gros seigneurs aient décidé ce qui va avenir de nous, je crois que ce qu'il y a de plus sage à faire, c'est d'imiter le petit mousquetaire.

— *Vive Henri IV !* cria ce dernier à moitié endormi sur une borne.

— Monsieur, dit à Octave un maréchal des logis qui passait, de quel corps faites-vous partie?

— Je suis aide de camp du général marquis de Pourcien resté en route, répondit Octave.

— Etes-vous encore monté?

— Oui, certes.

— Alors, rendez-vous à l'état-major.

— Je ne demande pas mieux, repartit Octave.

Il alla chercher son cheval qui avait été bien

soigné, et se rendit à l'état-major. Il rencontra Marvejols ; le colonel avait les larmes aux yeux.

— Mon ami, dit-il à Octave en lui serrant la main, la divine Providence dispose de nous d'une manière bien cruelle ! mais que son saint nom soit béni. Vous savez que notre infanterie reste à Béthune et n'accompagne pas les princes plus loin.

— Que m'apprenez-vous là ?

— Les besoins du service le veulent ainsi. Il a été convenu que tout ce qui n'est pas monté va demeurer en arrière, et les princes, avec deux mille chevaux et vingt-quatre pièces de canon, au lieu de se rendre à Lille, gagneront au plus vite la Belgique par la route d'Estaire, c'est-à-dire par la traverse.

— Avec le temps qu'il fait nous ne manquerons pas de nous embourber.

— Les paysans assurent que non. Tenez, voici les princes qui passent ! Quel air de bonté ! quelle majesté auguste dans leurs regards !

C'est toujours un spectacle affligeant pour les âmes tant soit peu généreuses que de voir les grands de ce monde courbés par la fortune à ce point d'humiliation, surtout lorsque, pareils aux membres de la maison de Bourbon, la mansuétude et la bonté leur sont des vertus héréditaires. Octave se sentit profondément royaliste pour la première fois de sa vie ; et ce fut du meilleur de son âme qu'il joignit sa voix ferme à la voix chevrotante du baron lorsque celui-ci s'écria : *Vivent les princes ! vivent à jamais les fils de saint Louis !*

Comme on ne partait que le lendemain matin, Octave fit rentrer son cheval à l'écurie et alla se coucher, fort différent en cela de la majeure partie des autres officiers, qui passèrent la nuit à se désoler avec ceux de leurs camarades désignés pour rester dans la ville : malheureux parmi lesquels les volontaires royalistes n'étaient pas les moins bruyants. Cette milice, composée des jeunes gens des écoles de Paris, faisait ses premières armes en politique comme en guerre, et elle était peu charmée de voir sa campagne finie. Elle avait espéré trouver l'occasion de faire parler d'elle, et il lui fallait rester en arrière et attendre l'arrivée de quelque général bonapartiste qui allait, par un licenciement immédiat, souffler sur sa gloire et l'éteindre.

Enfin, malgré les cris, les gémissements et les plaintes, les princes, traversant la foule de leur infanterie en détresse, s'éloignèrent avec la cavalerie et les canons. On avait pris des guides, et il s'agissait de faire grande diligence. D'abord tout n'alla pas mal. Débarrassée de la multitude de traînards qui l'encombrait naguère, la colonne s'avançait assez lestement ; mais bientôt on se trouva engagé dans les plus abominables chemins dont on eût entendu parler de mémoire de soldat, et la maison du roi recommença à marcher en désordre. Les grenadiers seuls conservaient leurs rangs ; encore, parmi ces vieux porte-sabre, se faisait-il à tout moment des vides ; les cavaliers s'embourbaient, tombaient avec leurs montures dans les fossés pleins d'eau, et ne pouvaient plus se relever.

À la guerre, la supériorité appartient aux officiers, non pas seulement en vertu de leur grade, mais par la puissance morale, résultat de leur éducation et de leurs principes. Lorsque soldats et officiers ont passé par les mêmes traverses, ils en sortent toujours inégalement trempés, et la plus forte trempe demeure toujours à ceux qui commandent. Malheureusement pour les jeunes gens de la maison du roi récemment pourvus de l'épaulette, s'ils avaient du courage, ils manquaient de l'habitude de la fatigue, et n'avaient pas reçu, pour y suppléer, cette sévère discipline de famille qui disposait si bien leurs ancêtres à figurer avec honneur, même sur leur premier champ de bataille. Aussi les grenadiers donnaient-ils là le bon exemple à la cavalerie dorée et très-crottée qui les suivait cahin-caha ; pourtant ils ne pouvaient nier eux-mêmes que jamais, même dans la campagne de Pologne, ils n'avaient vu si épouvantables chemins.

Pour surcroît de malheur, les guides maladroits ou malintentionnés conduisirent l'armée au milieu, en plein milieu de marais profonds, et la nuit, sur ces entrefaites, arriva. On perdit les canons les uns après les autres ; les vingt-quatre pièces restèrent embourbées ; les hommes se lamentaient comme des enfants ; un grand nombre d'ailleurs n'étaient pas autre chose. Plusieurs suppliaient leurs camarades de les tuer, au lieu de les laisser étouffer dans la boue ; beaucoup de ces pauvres petits mousquetaires, qu'une bataille aurait trouvés tout aussi valeureux, tout aussi résignés à une mort glorieuse que leurs frères aînés, les gardes d'honneur de Lutzen, pleuraient en appelant leurs mères et leurs sœurs.

Enfin, tant bien que mal, on sortit du marais,

en y laissant bien des plumes, et à onze heures du soir on aperçut les lumières d'Estaire.

Octave se trouvait à ce moment à deux pas des princes, précisément derrière eux, dans le groupe même des généraux. On ne songeait guère à l'étiquette. Il vit les habitants se montrer aux fenêtres, et le maire, prévenu, arriver, suivi de sa femme et de ses filles. Ces braves gens se jetèrent, en fondant en larmes, aux genoux des hôtes illustres qui leur arrivaient, et cela avec cet entraînement du cœur auquel rien ne résiste, et qui était si vrai, si poignant, que les pauvres fugitifs, touchés et amollis par une si profonde affection, descendirent de cheval, et, au milieu de la rue, se mirent à les embrasser.

Puis on entra dans la maison de ce brave maire.

Octave ne quitta pas les princes d'une semelle.

— Puisque je les suis, se disait-il, c'est bien le moins qu'ils me voient et qu'ils me connaissent.

La maison n'était pas grande, et l'on installa les princes dans la plus belle des chambres. Malheureusement tout s'entendait dans ce logis, simplement divisé par des cloisons, et les fugitifs s'étaient à peine mis à table, servis par Octave et quelques autres, que le silence respectueux qui les entourait fut troublé par le bruit d'une discussion violente établie dans une salle voisine. D'abord on avait parlé bas, puis, la querelle s'échauffant, les voix s'étaient élevées, et bientôt l'on put reconnaître les accents emportés d'un fort grand seigneur, officier supérieur de la maison du roi, qui criait comme un énergumène :

— Les malheureux ! les malheureux ! ils ne sont revenus que pour nous perdre ! oui, pour nous perdre ! C'est une race maudite !

La voix de celui qui criait si fort fut coupée par une vigoureuse apostrophe du duc de F... Mais les princes avaient entendu ; ils se regardèrent avec un triste sourire. Autour d'eux chacun baissa les yeux, mais sur plus d'un visage le sentiment d'une indignation profonde se peignit : chacun se rappelait que l'homme qui avait parlé avec si peu de respect pour la dignité déchue appartenait à une famille élevée et illustrée par les seules bontés de la cour.

Ce fut un triste repas. Les princes l'abrégèrent le plus possible et renvoyèrent tout lemonde.

Le lendemain matin, on se remit en marche à six heures. Le temps était froid et brumeux, bien fait pour la triste scène qui allait se passer. Arrivées sur la grande route d'Armentières , limite de la France et de la Belgique, les troupes royales furent rangées en bataille.

— Qu'est-ce qui va nous arriver ? dit un chevau-léger à Octave, empressé de rejoindre l'état-major.

— Mon cher monsieur, on va vous licencier, répondit le sous-lieutenant.

— Ça m'est égal, dit l'autre, je suivrai les princes à quatre pattes, s'il le faut, plutôt que de les abandonner.

— Bravo, Touleilles ! s'écrièrent les cavaliers témoins de ce propos. *A bas Bonaparte! vive le roi!*

— Voilà au moins des gens qui ont une opinion

et du courage dans l'âme, se dit Octave ; et, pour la seconde fois de sa vie, il répéta de bon cœur : *Vive le roi !*

Dans ce moment, des officiers d'ordonnance vinrent prier le commandant de chaque compagnie se rendre auprès des princes, qui, descendus de cheval et arrêtés à l'abri d'une haie, grelottaient de froid et d'émotion.

— Voici la catastrophe ! dit Octave ; et acceptant l'invitation d'un mousquetaire, il mit pied à terre et battit la semelle pour se réchauffer en attendant l'arrêt de la destinée commune.

FIN DU TOME PREMIER.